姑苏符号

苏州博物馆

《姑苏符号》编委会　编

苏州新闻出版集团
古吴轩出版社

图书在版编目（CIP）数据

姑苏符号. 苏州博物馆 /《姑苏符号》编委会编
. -- 苏州：古吴轩出版社, 2019.12（2023.8重印）
ISBN 978-7-5546-1437-2

Ⅰ. ①姑… Ⅱ. ①姑… Ⅲ. ①苏州－概况 Ⅳ.
①K925.33

中国版本图书馆CIP数据核字(2019)第239324号

策　　划：唐伟明　陆月星
顾　　问：叶正亭
特约专家：柯继承　余　嘉
责任编辑：赵亚婷
装帧设计：刘雨馨
封面设计：刘雨馨
责任校对：鲁林林
插　　画：星　火　刘雨馨
摄　　影：于　祥　王亭川　祁金平　钟敏强
徐　怡　庞林春　唐伟明　陆月星 等

书　　名：姑苏符号·苏州博物馆
编　　者：《姑苏符号》编委会
出版发行：苏州新闻出版集团
古吴轩出版社
地址：苏州市八达街118号苏州新闻大厦30F
电话：0512-65233679　　邮编：215123
出 版 人：王乐飞
印　　刷：无锡市证券印刷有限公司
开　　本：787mm × 1092mm　1/16
印　　张：8.25
版　　次：2019年12月第1版
印　　次：2023年8月第2次印刷
书　　号：ISBN 978-7-5546-1437-2
定　　价：35.00元

编委会

人物介绍

文文

小学生，性格憨厚，有时候又有点小迷糊，喜欢阅读，遇到想不通的问题喜欢打破砂锅问到底。他的理想是长大后成为一名博学的工程师。

文文的同学，性格开朗，喜欢打抱不平，同学中的开心果，有责任心，做事认真。长大后他想成为一名酷酷的飞行员。

小美

文文的邻居，幼儿园、小学同班同学，平时有点爱臭美，有点冷幽默，做事很有自己的主见。她想成为一名艺术家，因为弹琴、画画、跳舞她都在行。

孩子们的课外导师，爱护学生，工作热情，知识渊博，思维活跃，虽然有时候很严肃，但同学们都不怕他，因为他胖墩墩的样子实在惹人喜欢。

苏博士

文文爸爸

报社的编辑，工作时沉着、冷静，回家后温和、热情，喜欢跟文文一起读书、运动、旅游。希望与儿子建立起铁哥们一样的关系。

目 录

第三单元　中国苏绣艺术博物馆与苏州丝绸博物馆

第四单元　苏州工艺美术博物馆

社会实践课活动地图

苏州美术馆
苏州市名人馆
苏州丝绸博物馆
苏州生肖邮票博物馆
桃花坞大街
西中市
东中市
中街路
中国苏绣艺术博物馆
景德路
景德路
人民路
养育巷
干将西路
苏州革命博物馆
道前街
道前街
侍其巷
书院巷
人民路
新市路
苏州碑刻博物馆
新市路

苏州博物馆

寺塔
苏州市档案馆新馆
苏州工艺美术博物馆
齐门路
苏州博物馆
忠王府
苏州园林博物馆
百家巷
北街
东北街
苏州民俗博物馆
白塔西路
白塔东路
临顿路
平江路
仓街
中国昆曲博物馆
中国苏州评弹博物馆
苏州城墙博物馆
前街
干将东路
吴作人艺术馆
双塔
凤凰街
十梓街
十梓街
苏州教育博物馆
十全街
十全街
带城桥路
颜文樑纪念馆
竹辉路
竹辉路

苏州博物馆关键词

★ 特色展区：吴地遗珍、吴塔国宝、吴中风雅、吴门书画

★ 秘色瓷莲花碗、真珠舍利宝幢

★ 贝聿铭

★ 忠王府

第一单元

苏州博物馆

1 苏州博物馆

苏博士导读

同学们，你们知道苏州博物馆是由哪位大名鼎鼎的设计师设计的吗？

我知道！是世界著名的建筑设计大师贝聿铭爷爷。

我知道苏州博物馆还是贝聿铭爷爷的封笔之作。贝爷爷特别看重这个设计，他亲切地称苏州博物馆为“最亲爱的小女儿”。

因为贝爷爷的设计，现在有很多人慕名来参观。我也经常去呢！只要有重要的展览，爸爸都会带我去看。

太棒了！苏州正在向“百馆之城”迈进，打造最有影响力的博物之城。苏州博物馆是“博物苏州”的闪亮名片，走，今天苏博士带你们深入地了解苏博。

苏博士课堂

人们来到苏州旅游，不仅要去拙政园、狮子林、虎丘游玩，苏州博物馆也是不能错过的一站。它的设计者就是世界著名建筑设计大师——贝聿铭。

2002年，85岁高龄的贝聿铭应邀回到家乡苏州，接手了他晚年“最大的挑战”——苏州博物馆新馆的设计。设计完成后，又经过近4年的修建，苏州博物馆新馆落成了。它在现代几何造型中体现了错落有致的江南特色，是一座集现代化建筑、古建筑与创新山水园林三位于一体的综合性博物馆。

苏州博物馆新馆的精华之处在于主庭院的山水园。贝聿铭煞费苦心，将中国古典山水画的审美融入设计理念中，“以壁为纸，以石为绘”，呈现出清晰的轮廓和剪影效果，置身其中，真如徜徉在一幅充满意境的立体水墨山水画里。

为了能与苏州传统的城市风貌融为一体，博物馆新馆将粉墙黛瓦做了全新的阐释，白墙仍然是主色调，又辅以花岗岩纹理，现代艺术中几何、线条元素的大量应用，“借景”“框景”等表现手法的灵活运用，让光线与空间变得更富艺术性。如此独特的表达方式的确妙不可言。

值得一提的是，博物馆屋顶的设计灵感来源于传统的坡顶设计——飞檐翘角，不过，建成后的屋顶已被重新诠释，呈现出一种新的几何效果。玻璃屋顶与石屋顶相互映衬，最大限度地把自然光引入室内，让人感到心旷神怡。

苏州博物馆不仅是一件精美的建筑艺术品，还是一个传承展示文化艺术的窗口，常年设有

吴地遗珍、吴塔国宝、吴中风雅、吴门书画等四个富有苏州地方特色的展区，展品多为历年考古出土的文物、工艺品和书画作品。苏州博物馆以包容的姿态静静地等候着世界各地的朋友前来参观。

贝聿铭曾说，他希望他所设计的苏州博物馆新馆要充满着苏州特色，是“中而新，苏而新”，因而比他设计的其他建筑要难得多。苏博对他来说，就像是一个有生命的小女儿。

这座苏州古典园林精华与现代建筑风格完美结合的苏州博物馆，是中国最美的博物馆建筑之一，点缀着苏州这座历史文化名城。

拓展问答

苏州博物馆的藏品真多呀！苏博士，快给我们介绍一下“镇馆之宝”吧！

我重点给你们介绍两件“镇馆之宝”。一件是秘色瓷莲花碗。它“出土”于苏州的虎丘云岩寺塔。为何称为“秘色瓷”呢？秘色瓷起源于唐、五代时期，一般只能供皇家使用，平民百姓是很难有机会接触到的。这只秘色瓷莲花碗由莲花碗和莲花盏托两部分组成，形状如豆，浅浮雕，釉色温润似玉。另一件是真珠舍利宝幢。它“出土”于苏州的瑞光塔。真珠舍利宝幢在制作手法上运用了玉石雕刻、金银丝编制、金银皮雕刻、檀香木雕刻等十多种特种工艺，其造型之优美、选材之名贵、工艺之精巧都是举世罕见的，是北宋时期苏州工艺的集锦。

真珠舍利宝幢可真精美呀！它是怎么被发现的呢？

盘门有一座千年古塔，叫瑞光塔。1978年，三名小学生一起到瑞光塔上掏鸟窝。他们爬到瑞光塔的第三层，无意间摸到了一块松动的塔心砖。他们掀开沉重的砖龛，发现下面是一个黑黝黝的地洞，靠着墙壁破洞中透出的微弱亮光，三个孩子发现地洞中还有个一米多高的“黑箱子”。后来，文物专家打开了“黑箱子”，里边装有一个银杏木制作的内木函，再打开这个木函，一件稀世珍宝便耀眼夺目地展现于众人眼前，这就是真珠舍利宝幢了。

课外活动

和爸爸、妈妈一起去苏州博物馆走一走，看一看那里的珍贵展品。

2 走近贝聿铭

苏博士导读

同学们，参观完苏州博物馆，谈谈你们的感受吧？

我最喜欢的是主庭院的山水园设计，它的创作灵感是贝爷爷从宋代米芾（fú）的山水画作品中寻找到的。这里山石剪影与碧水曲桥结合得那么完美。瞧，又有几个小姐姐在摆造型了呢！

我最喜欢的是馆内的水墙瀑布，让我想到了狮子林中的瀑布。

你们喜欢建筑设计，我喜欢馆藏的真珠舍利宝幢和莲花碗，那真是太精美了！

看来大家都很喜欢苏州博物馆呢！建筑能与藏品相映生辉，那真是一件再美不过的事了！今天，我们再深入了解贝聿铭，走进他的设计世界。

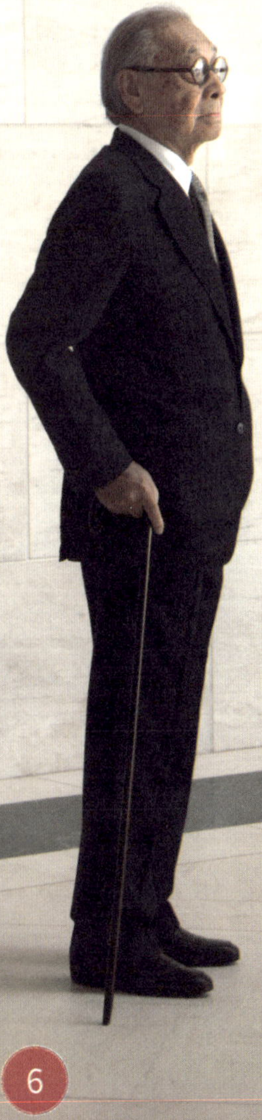

苏博士课堂

贝聿铭，美籍华人，出身于苏州名门，建筑界的“诺贝尔奖”——普利兹克建筑奖获得者，被称为“美国历史上前所未有的最优秀的建筑家”。

贝聿铭和苏州有着难以割舍的情谊，因为这里是贝氏家族的根基所在。根据记载，贝氏始祖在明朝中期以行医卖药为生，定居于苏州。到了清朝乾隆年间，贝氏与戈氏、毛氏、毕氏成为苏州四富。贝聿铭的祖父贝理泰学识渊博，是近代中国有名的金融大亨。父亲贝祖诒（yí）是中国银行创始人之一。中华人民共和国成立前夕，身为中银总裁的贝祖诒没有拿走一分公款，足见其气节。这一名门望族人才辈出，延绵至今，到了贝聿铭，已经是第十五代了。叔祖贝润生，人称“颜料大王”，曾花费巨资，买下名满江南的著名园林——狮子林。贝聿铭少时与堂兄弟在狮子林中玩耍，园中的假山、石桥、池塘和瀑布给了他无穷的快乐。这潜移默化地影响了他对建筑、光影独特的感知，后来他的许多作品中对光影的成熟运用都令人叹为观止。

17岁时，贝聿铭留学美国。他没有依照父亲的期望学习金融，而是就读了钟爱的建筑专业。贝聿铭辗转于宾夕法尼亚大学、麻省理工学院以及哈佛大学建筑研究所，他的建筑设计才能逐渐显现。

美国国家大气研究中心是贝聿铭大显身手的一件作品，被誉为“后现代主义的第一幢大厦”。美国肯尼迪图书馆的建造，让贝聿铭跻身于世界级建筑大师行列。而真正让贝聿铭闻名世界的建筑则是巴黎卢浮宫广场的玻璃金字塔，如今已成为巴黎的地标性建筑之一。

尽管贝聿铭在美国待了八十多年，但他始终没有忘记自己的根在中国。他给自己的三个儿子取名都含有“中”这个字：贝定中、贝建中、贝礼中。可见中国情

结深深地烙印在他的心里。

贝聿铭在耄耋之际回到苏州，将封山之作献给了自己的故里，设计了苏州博物馆新馆。这一建筑融东西方美学于一体，是东方园林艺术的全新演绎。它不仅成为苏州地标建筑之一，也让全世界为之瞩目。贝聿铭这个名字也将伴随这座精美的传世之作，永远地留在苏州，留在苏州人民心中。

拓展问答

爸爸，能不能给我们总结下贝爷爷建筑设计的特点呢？

贝聿铭曾经说过，建筑设计中有三点必须予以重视：首先是建筑与其环境的结合；其次是空间与形式的处理；再次是为使

用者着想，解决好功能问题。我们在贝聿铭的作品中能看到他对光与环境的重视，看到强烈的几何构图意识，看到他对细节的严格要求。

苏博士，除了苏州博物馆，我还喜欢卢浮宫广场的玻璃金字塔，真的太惊艳了！

是的。玻璃金字塔被赞誉为“卢浮宫院内飞来的一颗巨大的宝石”，别具匠心的设计被公认为当代建筑艺术最伟大的奇迹。卢浮宫玻璃金字塔，其实是卢浮宫博物馆的入口。玻璃金字塔四个侧面由菱形玻璃拼组而成，全部玻璃片的总重甚至超过了其金属支架的自重。因此，这座玻璃金字塔不仅是现代艺术风格的佳作，也是现代科学技术的大胆尝试！

课外活动

同学们，收集贝聿铭爷爷的经典设计作品，并动手画一画你设计的建筑，看看谁的设计别具巧思。

3 吴门画派

苏博士导读

苏博士，爸爸跟我说，在我读幼儿园的时候，他带我去看过“吴门四家”之一仇英的展览，因为当时我太小了，记忆不深刻。您能再给我们介绍一下吗？

苏州博物馆曾经策划过吴门画派四大家的系列展览，分别是“石田大穰”——沈周特展，“衡山仰止”——文徵明特展，“六如真如”——唐寅特展，“十洲高会”——仇英特展。展览汇集了海内外十多个博物馆珍藏的吴门四家精品，为观众带来了一场视觉盛宴。现在博物馆每年都会策划关于吴门画派的主题性展览，感兴趣的话可以预约参观哦！

苏博士课堂

东庄图（局部） 沈周

苏州自古以来就是一座充满文化气息的城市，这片土地润养了无数文化名人。历史的车轮推进到了明朝中期，苏州一带的手工业、商业愈加繁荣，与此同时，朝廷日趋黑暗腐朽，皇权空前强化。很多文人洁身自好，选择远离朝廷的地区定居，将才华寄托于山水诗画。这促使苏州一带画家云集，名家辈出，逐渐形成了中国美术史上的高峰——吴门画派。

吴门画家有着深厚的文化修养和艺术气息，他们吸收宋人绘画的特点，继承元代绘画的精华，不断创新，在山水、人物、花鸟以及诗文、书法等方面都有了不同程度的开拓与发展，为画坛注入了新的活力。

石湖图（局部） 文徵明

沈周、文徵明、唐寅、仇英四人作为吴门画派的代表，被后人并称为“吴门四家”或“明四家”。他们追求“闲、静、雅、逸”的意境，在笔墨情趣与画面布局上又有各自的特点。沈周是吴门画派的开山鼻祖，擅画山水、人物、花卉，以简练浑厚、苍劲雄健的粗笔见长，其画具有典型的文人画特征，代表作品有《庐山高图》、《东庄图》册等。文徵明是继沈周之后吴门画坛的领袖，诗文书画兼擅，山水、人物俱精，其作品有一种清秀典雅、冲和恬淡的书卷气，代表作品有《二湘图》《石湖图》等。唐寅，才华横溢、诗书画兼擅，其山水画清润挺劲，人物花鸟画精妍秀丽，代表作品有《落霞孤鹜图》《王鳌拜相图》等。仇英善于画青绿山水和工笔人

落霞孤鹜图（局部） 唐寅

清明上河图（局部） 仇英

物，代表作品有《桃源仙境图》《清明上河图》等。

作为中国美术史上灿烂夺目的光辉篇章，吴门画派延绵数百年，对我国的书画发展产生了深远的影响。直至当代，吴门画派的艺术传统在苏州这片文艺沃土上仍然焕发着勃勃生机，我们期待着吴门绘画艺术的再次腾飞。

拓展问答

苏博士，能不能给我们讲讲“吴门四家”之间的交往故事呢？

文徵明出身于官宦家庭，其父文林曾任温州知府，与沈周为好友，因此，文徵明很早就跟随沈周学画。及长，画艺大进，与其师并称“文沈”。师生二人艺术成就极高，而且从艺时间较长，德高望重，门生众多，在吴门画派中占有最重要的地位。文徵明虽然出于沈周门下，但并不拘于模仿，而是自成一派。唐寅得文林、文徵明父子提携，得以同列沈周门下。唐寅和仇英都曾师事以院派画风为宗的周臣。文徵明对仇英也有知遇之恩。明代的苏州，画家、文人、收藏家交往密切，共同促进了艺坛的繁荣。

沈周　　文徵明　　唐寅　　仇英

吴门画派还有哪些重要画家？

吴门画派前期的画家，比较著名的有杜琼、刘珏、陈暹（xiān）、沈遇等。陈暹是周臣的老师。周臣是唐寅与仇英的老师。唐寅与仇英二人青出于蓝，当时名气已超过老师。周臣擅长画人物和山水，画法严整工细，用笔纯熟，画风融合院体画与文人画的特点。吴门画派的后期阶段，以文徵明众多的学生为主体，比较著名的如陆治、陈淳、钱穀（gǔ）、陆师道、王穀祥、周天球、朱朗、周之冕、孙枝等。许多画家又都是世代相传，如文徵明的后人文彭、文嘉、文伯仁、文从简、文俶（chù），仇英的女儿仇珠等，都在绘画上取得了一番成就。

课外活动

欣赏苏州博物馆馆藏吴门画派的代表作，和同学们分享交流。

4 忠王府

苏博士导读

同学们，参观完苏州博物馆，有谁注意到忠王府在哪里吗？

上周末，我还去过呢。忠王府与苏州博物馆相连，出了苏州博物馆，就来到了忠王府。

嗯！忠王府内有一棵文徵明亲手种植的紫藤，距今已经有近五百年的历史了。

忠王府内还有一座古戏台，贝聿铭爷爷来苏州的时候还在那里观看了一出《游园惊梦》，也许正是这场演出激发了贝爷爷的创作灵感呢！我们再一起去看一看吧！

苏博士课堂

忠王府是保存最完整的一组太平天国历史建筑物。它的主体部分是官署，按照太平天国规制修建，雄伟华丽，巍峨庄重，虽经李鸿章修改，但基本保持原貌，可以说是太平天国忠王府的精华所在。

1860年，忠王李秀成率领太平军攻克苏州。他集中了数千名工人，以拙政园旧址为基础，扩建王府。1863年底，李鸿章镇压太平军，攻陷苏州，当时忠王府的修建工程还未完工，但已初具规模。官署、住宅、园林相结合的建筑群格局已经完备，高大宽敞的正殿与江南风格的庭园相映生辉。

一百年后的1960年，苏州博物馆在忠王府旧址上正式建馆。现

在，忠王府也成了苏州博物馆的一部分。

来到忠王府，一定要去“卧虬堂”看看。关于它的名字，还有一段来历呢！据说，当年拙政园的主人王献臣与吴中才子文徵明、唐寅、祝允明等人常有往来。每年春季，王献臣便经常在园子里设宴请他们来做客，饮酒品茗之时，众人诗兴大发、佳句迭出，唐寅信笔写下“卧虬堂”三字，这既契合了院内紫藤盘曲似龙的情景，又包含了这些名士们遁世隐逸的心境。

而院外文徵明亲手种植的那棵“文藤”，距离现在已经有近五百年的历史了，一直与连理宝珠山茶共享盛名，被历代文人题咏赞颂，成了忠王府中的活文物。李根源先生曾将它与环秀山庄假山、织造府瑞云峰誉为“苏州三绝”！

古戏台也是来忠王府不容错过的一站。偌大的殿堂内桌椅整齐排布，足够容纳近百人听戏，依稀还能想象当年的盛大场面。据说，昆曲名家俞振飞先生还在这里做过专场演出呢！

忠王府作为中国历史上遗存下来最完整的农民起义军王府，向世人展示着悠久的历史和重大的艺术价值。

听说，忠王府里还有很多古树名木？

是的。忠王府中有两棵蟠槐，它们是忠王府的标志性植物，也叫“龙爪槐”。两棵槐树分立两侧，树木枝条屈曲，好似蟠龙舞动，活灵活现。此外，还有连理宝珠山茶。这两株宝珠山茶枝叶连理，树龄已经有三百多年了，在江南十分罕见，在我们苏州也是绝无仅有的！

双龙戏珠

仙鹤衔草

苏博士，忠王府的彩绘好像也很有特色呢！

苏式彩绘向来以描绘精致、风格秀丽著称于世。而忠王府的苏式彩绘堪称一绝。彩绘具体分布在中路门厅、轿厅、前殿、后堂的梁枋上。内容包括山水、花鸟、走兽及绚丽的锦纹，取材大多包含着福禄寿、吉庆有余、百事如意、锦上添花等寓意。如门厅外廊枋上三幅“双龙戏珠”造型生动，轿厅梁上的“仙鹤衔草”展翅欲飞。忠王府的彩绘留存数量之多、艺术水平之高，在江南是十分罕见的，是我国文化宝库中极其珍贵的文化遗产。

课外活动

和爸爸、妈妈去忠王府走一走，感受它沧桑的历史，再找一找其中的吉祥彩绘。

社会实践课　爱上博物馆——文博之旅

苏博士去哪儿

大家知道国际博物馆日是哪一天吗？

是每年的5月18日！1977年5月18日为第一个国际博物馆日。

文文真棒！那为什么要专门为博物馆设立一个节日呢？

因为博物馆里收藏了很多文化珍品，它们都是无价之宝！这些文化珍品里凝聚着人类的智慧，每一件藏品，都可以见证一座城市、一个国家某个时代的历史。

而且许多博物馆本身也是珍贵的艺术作品，甚至是一座城市乃至一个国家的重要文化坐标，例如故宫博物院、卢浮宫。由贝聿铭先生设计的苏州博物馆也是一件文化坐标呢！

爸爸说，人类最早的博物馆是缪斯神庙，博物馆“museum”一词就来自“缪斯”。人们对于博物馆是非常崇敬的，设立博物馆日的目的不仅在于让大家爱护博物馆，也在于吸引大家走进博物馆，重视这座知识宝库。

大家说得都很好！美国著名作家海伦·凯勒说“假如给我三天光明，我将在第二天向世界、向过去和现在的世界匆忙瞥一眼……这么多的东西怎能压缩在一天之内看完呢？当然只能通过参观博物馆”，博物馆里短短的一天，能阅尽万古千年。在认识了博物馆的美妙之后，让我们爱上博物馆，重启我们的博物馆之旅吧！

微旅游路线推荐

"爱上博物馆"之旅

苏州博物馆（观前导览室、吴地遗珍、吴塔国宝、吴中风雅、吴门书画、主庭院、现代艺术大厅）——忠王府（太平天国礼拜堂、千斤大炮、军事会议厅、苏式梁坊彩绘、四面厅、古戏台、卧虬堂及文徵明紫藤园）——苏州民俗博物馆——苏州工艺美术博物馆

完成微记录

选择一种完成

1. 设计并展示"爱上博物馆"明信片：

(1) 手绘苏州博物馆建筑；

(2) 手绘本次旅行中给你印象最深的藏品；

(3) 在明信片上留言，将明信片送给自己的好朋友。

2. 设计并展示博物馆名片：

(1) 请选择一个你喜欢的博物馆，用自己的方式为它设计一张名片；

(2) 在班级里进行名片展示，票选出最受同学欢迎的名片。

苏州戏曲博物馆关键词

★ 昆曲：“百戏之祖”；昆山腔；“生旦净末丑”

★ 评弹：“中国最美的声音”；“大书”与“小书”

★ 特色展区：全晋会馆古戏台、“江南最雅的书场”

★“宝和堂”昆曲堂名灯担、“光裕社”宝幢

第二单元

苏州戏曲博物馆

1 中国昆曲博物馆

苏博士导读

苏博士，我在学昆曲，但对于昆曲被列为“人类口头与非物质遗产代表作”的概念不是很清楚，您能给我们讲讲吗？

“人类口头与非物质遗产代表作”的范围包括：口头传承，以及作为文化载体的语言；传统表演艺术，如戏曲、音乐、舞蹈、曲艺、杂技等；民俗活动、礼仪、节庆；有关自然界和宇宙的民间传统知识和实践；传统手工艺技能；与上述表现形式相关的文化空间。这些代表作往往是经过严格的程序后评估产生的，在文化上具有特殊价值。2001年，联合国教科文组织宣布首批“人类口头与非物质遗产代表作”，昆曲成功入选，非常了不起。今天，我们一起走进中国昆曲博物馆，来深入了解昆曲吧！

苏博士课堂

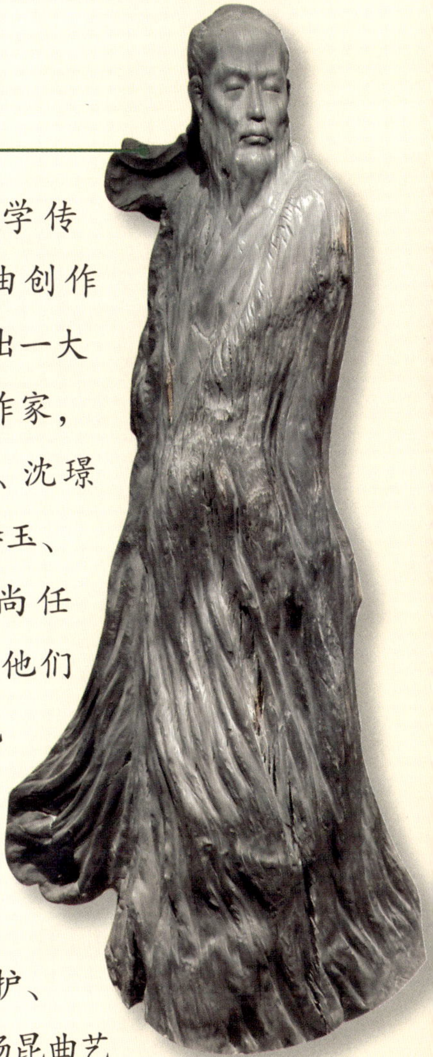
魏良辅像

昆曲是我国现存最古老的戏曲形式。它发源于元朝末年苏州地区的昆山一带，原名昆山腔，至今已有六百多年的历史。16世纪中叶，魏良辅改革昆山腔，汲取南曲与北曲的精华，创立了细腻婉转、清丽悠扬的水磨腔。梁辰鱼继承魏良辅的成果，他创作的《浣纱记》是第一部用改革后的昆山腔编写的剧本，上演后受到普遍的欢迎，对推广昆山腔起了巨大的作用。后又凝聚许多文学艺术家的智慧，昆曲逐渐成为明朝中叶至清朝中叶影响最大的声腔剧种，很多剧种都是在昆曲的基础上发展起来的，被誉为“百戏之祖”。昆曲在清乾隆年间达到顶峰，出现了家家户户习唱昆曲的盛况。

昆曲秉承了唐诗、宋词、元曲的文学传统，在昆曲创作上也涌现出一大批昆曲剧作家，如汤显祖、沈璟（jǐng）、李玉、洪昇、孔尚任和李渔等。他们为推动昆曲发展做出了重大贡献。

以保护、传承和发扬昆曲艺术为宗旨的中国昆曲博物馆坐落在苏州平江历史街区内，馆址是当年的全晋会馆。博物馆内现藏有昆曲及其他剧种的大量珍贵史料。

来到中国昆曲博物馆，古戏台是不容错过的。戏台坐南朝

北，戏楼分为两层。

“穹窿藻井”是整个古建筑群的精华所在。穹顶精美的蟠龙纹饰，不仅彰显了绝妙的古典建筑艺术之美，更起到了“余音绕梁，三日不绝”的扩音作用。据说，它是苏州现存古典戏台中最为精美的一座！在这里，不仅有传统的昆曲表演，还有传统的演出场所和演出环境，使昆曲这一古老的中国戏曲能够原汁原味地展示在观众面前！

拓展问答

中国昆曲博物馆的镇馆之宝是什么呢？

清末民初“宝和堂”昆曲堂名灯担就是中国昆曲博物馆的镇馆之宝了。古时候，苏州大户人家如果有婚庆、做寿等喜事，时常请堂名班子到家里来唱堂

会，班主便将堂名唱台拆卸后用箱子挑到主人家，再将它安装在主人的客厅里，因此称为“堂名担”。中国昆曲博物馆保存的这座“宝和堂”堂名灯担是全国保存最完整的一座，是国家二级文物，可谓价值连城。

苏博士，您能给我们介绍一下当年的全晋会馆吗？

全晋会馆是由在苏州做生意的山西人集资建造的，因为山西简称晋，所以称之为“全晋会馆”。最早全晋会馆建于清乾隆年间，地址在苏州阊门外山塘街，后毁于战火。光绪年间，晋商们再次集资，在现在的位置建馆。全晋会馆是晋商们举行庆典、交流商情和进行资金调剂等活动的场所。在苏州历史上，先后有一百多座公馆公所，全晋会馆是保存较完整的一座。我们现在研究全晋会馆，对研究中国资本主义商品经济、古典建筑、古典戏场都有深远的意义。

课外活动

和爸爸、妈妈一起去中国昆曲博物馆逛一逛，欣赏一场昆曲演出。

2 生旦净末丑

苏博士导读

上周，学校组织我们去看了一场昆曲表演——《游园惊梦》，软糯呢喃的唱腔、精致华美的装扮、娴熟流转的台步，看得我如痴如醉！

嗯，小美，那你有没有看出什么学问来呢？

我觉得昆曲真是一门很讲究的艺术。从角色、台步、手势，到妆容、行头、道具，它都有自己完美的体系。这真不是简单地看几场表演就能理解的，得要下功夫好好学。我们还是听苏博士给我们仔细讲讲吧！

苏博士课堂

昆曲以其独特深厚的美学传统与独具神韵的演绎风格，历经沧桑而魅力永恒。在长期的历史演进中，《单刀会》《窦娥冤》《浣纱记》《西厢记》《牡丹亭》《长生殿》《桃花扇》……一曲曲经典代表作，串联起了昆曲六百多年的悠扬，也让我们看到了古典戏剧表演的完美体系。

巾生：《牡丹亭》柳梦梅

昆曲自从将文学搬上舞台后，就开始在创作和演出中确立基本的角色行当体系，生旦净末丑，不能越“雷池”半步。对于观众来讲，角色的划分有助于理

六旦:《西厢记》红娘

白面:《鸣凤记》严嵩

老外:《满床笏》龚敬

解剧中人物的表演。我们可以通过生旦净末丑的经典角色，简单了解下昆曲的人物性格。

昆曲的生行主要扮演青年男子，故也称小生。如《长生殿》中的唐明皇为冠生，气宇轩昂、舒展恢宏；《牡丹亭》中的柳梦梅属巾生，风流倜傥、清俊温雅；《白兔记》中的咬脐郎是雉尾生，头戴紫金冠，加插两根雉尾，大抵与武事有关。昆曲旦行有“老、正、作、四、五、六”之说。如《一捧雪》中的莫雪娘为四旦，需要武功技巧；《西厢记》中的红娘、《牡丹亭》中的春香属六旦，通常扮演年轻活泼、身份较五旦为低的青年女子。净行中大面是着红、黑二色脸谱的正面男性形象，如《单刀会》中的关羽、《千金记》中的项羽。白面大多扮演反面人物，除眼纹外，全脸皆涂以白粉，如《连环计》中的董卓、《鸣凤记》中的严嵩。末行扮演中年以上男子，多数时候挂着胡须，又细分为老生、末、老外。丑行细分为副、丑两个家门：副的面部白块画过两边眼梢，多是不正派的

文人、奸臣人物；丑的白块只画到眼的中部，大多是社会地位较低或滑稽可爱的角色。另外昆曲中还有一些群众角色，如车夫、宫女等，通称为杂行。

如此细分，即使在不了解剧情的情况下，观众也能从中读懂人物的性格。

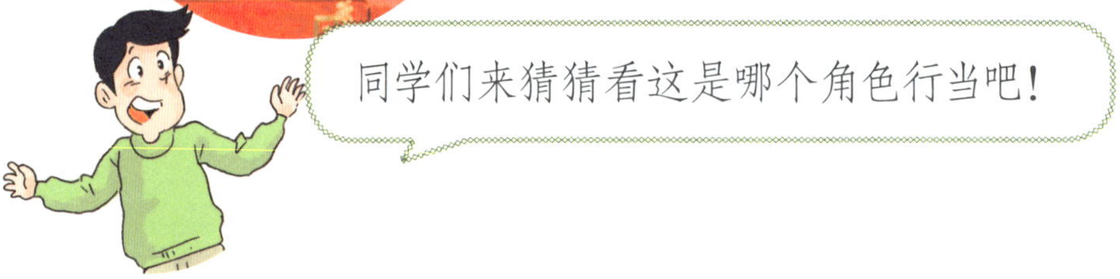

拓展问答

苏博士，我在学昆曲的时候发现每个角色的戏衣也很讲究，您能给我们讲讲吗？

昆曲的每一个家门，无论男女、老幼、文武、贫富、善恶，都可以在戏衣中找到相应的服装。“宁穿破，不穿错”，说的就是剧中人物服装的式样、图案、色彩等都是有严格规定，不能乱穿的。如颜色中上五色是红、绿、黄、白、黑，下五色是粉红、湖色、深蓝、紫铜、香色。如关羽红脸，则穿绿袍、绿靠。昆曲戏衣有“同台不同色”的规定，即同台演员，特别是同着一种服装的演员，颜色不能相同。

剧装三蓝彩绣红缎男蟒

每次看昆曲表演，我都会被演员那细腻流畅的动作给吸引住，尤其是水袖，真是太美了！

在昆曲舞台上，一歌一舞，皆有规矩，一翻一扑，不离程式。如亮相、整冠、理髯、抖袖、扬袖、三笑、起霸、走边、跑圆场等，都有固定的程式。昆曲中的水袖是最能体现昆曲写意色彩的动作。在《牡丹亭》和《西厢记》里，杜丽娘与崔莺莺的身段表演都十分复杂。就拿水袖的表演程式来讲，杜丽娘的水袖是鱼摆尾的含蓄柔美，传递出诗情画意的境界。崔莺莺的水袖是波浪式的，眼神是“勾”，传递出“假意儿”发怒。两者水袖手腕运用的力度、台步的节奏、身段的造型都不一样，这样有利于观众了解人物的个性。

课外活动

你知道昆曲中最常用的乐器是什么吗？

笛

板

鼓

3 中国苏州评弹博物馆

苏博士导读

苏博士，周末妈妈带我去了评弹博物馆，一进前厅，我就被那幅精美的漆画深深吸引了。

这可是我们苏州画家姚苏老师的作品，再现了柳敬亭向莫后光学艺的情景。柳敬亭是明末清初著名的说书大家。他仰慕松江说书名家莫后光的书技，曾四次专程前往拜莫后光为师，数年后成为名噪江南的一代说书大家。

我知道评弹也是国家级非物质文化遗产。苏博士，今天您就给我们好好解读下评弹的前世今生吧！

苏博士课堂

评弹是一门历史悠久、优美动人的说唱艺术。它以幽默细腻的说白、婉转动听的演唱、声情并茂的表演和珠落玉盘般的弹奏闻名于世，堪称江南文化的精粹。苏州评弹是评话和弹词的总称，产生于苏州，曾盛行于江、浙、沪一带，以苏州方言说唱为主。评话只说不唱，弹词既说也唱，演出方式有一人的单档、两人的双档、三人的三个档。早在清乾隆时期，苏州评弹就已广为传唱，至今不衰；近年来更

姚苏漆画作品《柳敬亭向莫后光学艺》

是蜚声海内外，被誉为“中国最美的声音”。

苏州评弹名家辈出，流派纷呈，大致可分为三大流派：陈遇乾的陈调、马如飞的马调、俞秀山的俞调。陈调旋律严谨，咬字遒劲，真嗓演唱，音色宽厚。马调以吟诵为主，节奏明快、注重气韵，擅唱长段唱词及联韵叠句。俞调真假嗓并用，表演朴实、节奏徐缓，其后女艺人习唱较多，唱腔渐趋委婉。

评弹经过百余年的发展，又出现了继承这三位名家风格，而有创新发展、自成一家的新流派，呈现千姿百态、百家争鸣的繁盛景象。著名艺人有魏钰卿、周玉泉、杨筱亭、朱耀祥、夏荷生、沈俭安、薛筱卿、徐云志、朱雪琴、蒋月泉等。

作为继承、弘扬评弹艺术的中国苏州评弹博物馆，与中国昆曲博物馆相邻。馆内藏有苏州评弹各个时期的历史文物、古籍善本等珍贵史料，重点展示了苏州评弹的发展演变、名家流派的艺术特色以及近现代评弹艺术的繁荣与复兴。

此外，馆内特设有“江南最雅的书场”——“吴苑深处”书场。它原是一百多年前姑苏城里四大书场之首。现在，书台仍然保持着传统古朴的风格，呈现清代传统书场的格局。书场茶座的座位也是按照一百多年前清代书场的格局摆放的。前排中间最大的一桌是苏州评弹独有的“状元桌”。每天下午，这个书场里都会有苏州评弹的专业表演。你不妨捧一杯香茗，一边聆听充满姑苏风情的市井雅音，一边品味五彩斑斓的市民文化……

拓展问答

苏博士，我还注意到评弹博物馆里有一座经幢，它有什么来历吗？

乐乐越来越心细了。“光裕社”宝幢是1926年为纪念光裕社成立150周年而打造的。清朝乾隆年间，“御前弹唱”的苏州评弹名家王周士创建了评弹艺人的行会组织——光裕社，社名取“光前裕后”，即为祖先增光，为后代造福之意。“光裕社”是苏州评弹最早建立的行会组织，为保护艺人权益、培育艺术人才、推动评弹艺术发展做出了很大贡献。

王周士提出的“书品”和“书忌”堪称苏州

评弹艺术的表演规范。直到今天，“书品”和“书忌”仍然是评弹艺人们奉为圭臬的表演准则。

听说，陈云同志和苏州评弹也有着不解之缘呢！

陈云同志是苏州评弹的知音，一生热爱评弹。他一直非常关心评弹艺术及评弹演员的成长。1962年，由陈云同志建议创办、文化部出资扶持、江苏省人民政府批准成立的苏州评弹学校，成为全国唯一培养评弹艺术表演人才的摇篮，陈云担任名誉校长。20世纪80年代，陈云同志曾语重心长地提出的“出人、出书、走正路”，成为评弹发展的七字方针。

评弹乐器：三弦、琵琶

课外活动

和爸爸、妈妈去中国苏州评弹博物馆逛一逛，欣赏一场评弹演出。

4 “大书”与“小书”

苏博士导读

评弹博物馆里给我留下印象最深的，是一组茶馆书场艺人表演的场景模型。台下的人物个个刻画细腻，有的聚精会神地听书，有的眉飞色舞地聊家常，还有的津津有味地品味茶点。

真是一幅充满生活情趣的江南评弹图啊！

评弹自诞生之日起就与江南市井百姓的日常生活密不可分，市井生活也给评弹艺人提供了取之不尽的艺术滋养。

苏博士课堂

苏州评弹，是真正的市民之声。这门古老、优美的说唱艺术，将评话和弹词通过抑扬顿挫、妙趣横生的吴侬软语进行独特的表达。它的特点不是演故事，而是讲故事。通过说书人绘声绘色的语言，穿插故事中人物的念白，在制造的一个个“噱（xué）”中层层推进故事，每一书回的结尾处又设置“关子”悬念，让人沉醉其中、意犹未尽。

苏州评话又被称作“大书”，“大”是形容其风格粗犷、气势宏大。大书以演述历史故事为主，内容多为金戈铁马、邦国纷争、公案武侠。

《三国》被称为“大书之王”。过五关斩六将、三顾茅庐、火烧新野、赤壁之战等著名片段，内容丰富，情节生动，人物个性鲜明。如关羽之“义”，经过评弹艺人的精彩描述，能够让听众感到一种人与人之间的相互信任与温情。

苏州弹词又称“小书”。小书的表演通常以说为主，说中夹唱，讲究“说噱弹唱”。艺人在说唱表演中运用嗓音及面部表情来“说法中现身”，成功塑造人物形象。《三笑》《描金凤》《白蛇传》《玉蜻蜓》《珍珠塔》……一部部长篇弹词，将市井家常、儿女情长在百转千回中深深烙印在苏州百姓的心上。

《钱笃笤求雨》是长篇弹词《描金凤》中的一折关子书。

盛小云表演评弹

虽然内容荒诞，却将钱笃笤这个“小人物”描绘得活灵活现，深受听众的喜爱。现在，苏州人对没下雨也带着把伞的人，有时也会调侃一句：“倷阿是钱笃笤求雨啊？”共影响力可见一斑。

拓展问答

苏州评弹演员以前叫“说书先生”。大家看完评弹表演，有没有注意“说书先生”的服装和乐器呢？

我发现男演员通常穿长衫，女演员则穿旗袍。长衫素雅耐看，旗袍讲究色彩，绣花点缀，相当考究。看完评弹表演，我知道男演员弹的是三弦，女演员弹的叫琵琶。说大书时，“说书先生”是以醒木和折扇为道具的。

袁小良、盛小云表演评弹

苏博士，前面我们学了昆曲，今天又学了评弹，作为非物质文化遗产，它们都有说唱表演的内容，那它们之间有什么渊源吗？

文文学了昆曲，问的问题也很专业啊！昆曲对评弹最重要的影响体现在声腔与音乐之上。在弹词音乐的草创期，昆曲曲牌常为弹词艺人所移植借用。如《玉蜻蜓》借用昆曲曲牌名西江月、点绛唇、银绞丝等，《珍珠塔》有雁儿落、罗江怨、耍孩儿等。苏州弹词的陈调、俞调等也都发端于昆曲声腔。在表演上，昆曲、京剧等戏曲也给评弹带来了滋养。大量的昆曲剧目也为评弹所移植改编。如弹词《六月雪》改编自昆曲《窦娥冤》，弹词《秋江》改编自昆曲《玉簪记》，弹词《西施》改编自昆曲《浣纱记》。

课外活动

你能说说苏州评弹“大书”“小书”的代表作品吗？

社会实践课　昆曲之美、评弹之魅——吴音探寻之旅

苏博士去哪儿

最近有外国小伙伴要来我们学校修学，我们一起想一想为他们准备哪些有趣的修学项目呢？

昆曲和评弹不仅是非物质文化遗产，也是我们江南文化中的精粹呢！我们陪他们一起探寻昆曲、评弹的魅力吧！

昆曲博物馆和评弹博物馆是了解昆曲和评弹文化的好去处。昆曲博物馆里除了“镇馆之宝”——“宝和堂”堂名担外，还展出有各式昆曲服饰、脸谱和道具等，珍藏了许多昆曲曲谱呢！博物馆推出的“兰韵传承——昆剧星期专场”的演出同样不容错过。

我去过评弹博物馆。“江南最雅的书场”每月也会推出两部评弹作品，不仅可以欣赏专业的评弹表演，还能聆听正宗的江南雅音，对这些小伙伴来说肯定别有趣味。

我们在昆曲社学习了一些简单的唱段，到时候我们还可以当当小老师，让这些外国小伙伴一起来学习体验呢！

你们的好点子真多！那让我们一起去探寻世间最美的吴侬软语，体验苏州文化的极致风雅。

微旅游路线推荐

风雅吴音探寻之旅

中国昆曲博物馆：全晋会馆古戏台——大殿室内戏厅及昆曲江湖角色行头行当展——“与古人交”昆曲史展厅及清末民初“宝和堂”堂名担——“戏台寻踪”昆曲演出场所模型厅——马得昆曲戏画艺术厅——“曲圣”魏良辅与《南词引正》及江南戏文木雕石刻展——昆剧星期专场（昆剧表演）

中国苏州评弹博物馆：“磨漆画”（柳敬亭向莫后光学艺）——“光裕社”书品和书忌——“光裕社”宝幢——“吴苑深处”书场（书台）——书场模型——多媒体展“光裕社”拜师、出道——上海书展一条街——陈云纪念厅——评弹新发展——“江南最雅的书场”（评弹表演）

完成微记录

选择一种完成

1. 制作“微旅行记录本”：

（1）拍摄游昆博、评博时的精彩照片，将它们贴在记录本上；

（2）在记录本上写下自己游览学习时的心情感受；

（3）美化自己的“微旅行记录本”，可以手绘一些装饰物或贴上贴纸等。

2. 绘制昆曲脸谱、学唱苏州小调：

（1）选择一个你喜欢的昆曲角色，为他绘制昆曲脸谱；

（2）选择你喜欢的一段苏州小调，学着唱一下。

中国苏绣艺术博物馆关键词

★ “中国四大名绣”之一；沈寿

★ 仿真绣、双面绣

苏州丝绸博物馆关键词

★ “丝绸之路”；“江南丝织工艺一绝”——丝绸砑（yà）光处理

★ 宋锦、漳缎、缂丝

第三单元

中国苏绣艺术博物馆与苏州丝绸博物馆

1 中国苏绣艺术博物馆

苏博士导读

苏博士，妈妈给我买了一件新衣服，上面绣着一只可爱的小猫咪，眼睛水汪汪、亮晶晶的！让人忍不住就想摸摸它，感觉就像真的一样！妈妈告诉我这是苏绣，但我不是很了解，您能跟我们讲讲吗？

苏州的刺绣，讲究精工细作、设色精妙、形象真实，这也正是它的魅力所在。所谓一方山水育一方风物和人才，苏绣的形成发展与苏州文化密不可分，它承载着特定的时尚风气和文化精神，并慢慢形成了“精细雅洁”的风格。苏绣作为非物质文化遗产，是非常了不得的。习主席就曾代表中国向国际奥林匹克委员会赠送过一幅苏绣作品《仕女蹴鞠图》，该图展现了中国古代蹴鞠与现代足球千丝万缕的联系。今天，我们一起走进中国苏绣艺术博物馆，深入了解下苏绣吧！

苏博士课堂

苏绣虽然是一种手工技艺，但其中蕴含的是一种苏州文化。苏绣至今已有两千多年的历史。据记载，春秋时期吴地已有“绣衣而豹裘者”。三国时期，吴主孙权的赵夫人擅长刺绣，能在方帛上绣出山川、河海、城邑、行阵之势，被时人赞为“针绝”。南北朝时，佛教开始在中国盛行起来，有关佛事的绣品相应问世。宋代时，刺绣工艺已有长足的进步，针线细密、设色精妙、光彩夺目，具有相当高的水平。明清两朝，苏绣受文人雅士及绘画艺术的影响颇为直接，因此绣品也以风

费新我《刺绣图》

雅为上，观赏价值大大提高。此外，清代曹雪芹《红楼梦》中有许多涉及苏州刺绣的描写，从服装到饰品，从质地到工艺，从款式到色彩，从着装到情景，甚至还有女孩子们做针线活的场景，可谓全方位地展示了苏州刺绣精细雅致的特点。

苏绣的特点还在于它应用了多变的针法。每套针法的组织规律和表现效果都是独特的。苏绣的绣法和针法灵活多变，可以根据刺绣对象的不同选择不同的针法和绣法，而且选用合适的针法能恰当地表现刺绣物体的质感，进而增强刺绣艺术的表现力。如最常用的平绣，是在平面底料上运用齐针、戗针、套针、擞和针、施针等进行刺绣的绣法，能体现“平、光、齐、匀、和、顺、细、密”的特点。还有乱针绣，以似乱不乱的斜线条交叉掺和成绣面，这种运用特殊线条的绣法使作品近看似乎有些粗糙，有点朦胧，远看则十分逼真传神。

苏绣已经融入吴地人的生活之中，无声地美化着人们的生活，陶冶着人们的精神。为了更好地传承苏绣文化，1986年，在著名园林环秀山庄内建成了中国苏绣艺术博物馆。在宽阔的大门里，悬挂了9只红底明黄字宫灯，每灯一字，写明馆名。全馆陈列分为三大部分：一是“古代刺绣品室”，二是“明清刺绣品室”，三是“近代刺绣品室”。全馆共展出几百件珍贵的藏品，系统地展示苏绣发展的历史，让人们可以了解苏绣艺术的演变过程。所陈列的藏品中有很多精品，如清乾隆皇帝朝服、我国杰出刺绣艺术家沈寿的作品等。

顾文霞苏绣作品 《照镜子的小猫》

拓展问答

苏博士，您可以为我们介绍几种苏绣的常用针法吗？

可以啊！苏绣针法灵活多变，我来介绍几种常用的针法吧！齐针，刺绣基本针法之一，也是各种针法的基础，以线条排列均匀、齐整而名。戗针，苏绣传统针法之一，特点是层次清晰、均匀，富有装饰性。还有套针，根据针法组织与表现效果，还可以分为平套、集套、散套等。

苏绣艺术真是名不虚传呀！那除了苏绣，“中国四大名绣”还有哪些呢？

中国四大名绣指的是苏绣、湘绣、粤绣、蜀绣。我们来说说其他三个吧！湘绣（以湖南长沙为中心）是吸收苏绣和其他刺绣的长处发展而来的，使用不同颜色的线相互掺和，逐渐变化，色彩丰富饱满，色调和谐。它的图案借鉴了中国画的长处，所绣内容多为山水、人物、走兽等，尤其是狮、虎题材，形象逼真，栩栩如生。粤绣（广州刺绣和潮州刺绣的总称）构图饱满，繁而不乱，装饰性强，色彩浓郁鲜艳，绣制平整光滑。它的题材广泛，其中又以龙、凤、孔雀、牡丹等传统题材为主。蜀绣（以四川成都为中心）以软缎和彩丝为主要原料，题材大多为花鸟、走兽和人物等，针法多达一百余种，充分发挥了手绣的特长，具有浓郁的地方风格。

课外活动

1. 查阅资料，了解更多苏绣方面的知识，讲给爸爸、妈妈和身边的朋友听。

2. 和爸爸、妈妈一起去中国苏绣艺术博物馆逛一逛，感受苏绣艺术的魅力，完成“活动体验卡”。

2 沈寿与苏绣

苏博士导读

苏州有一位传奇绣娘沈寿!

她的《意大利皇后像》就像一幅画一样,绣得栩栩如生。她是怎么做到的呀?

这就是沈寿自创的仿真绣的魅力了!沈寿受西方油画、摄影的启发,领悟出物体和人像受光面不同,有阴阳之分,有深浅浓淡的区别。她将这一特点绣了出来,终于创成形神兼备的仿真绣。仿真绣可以使绣品达到西洋画的艺术效果,使人物有质感和立体感。我们今天一起来好好了解一下沈寿和苏绣的故事吧!

苏博士课堂

千百年来,苏绣一直是苏州的骄傲,背后更是离不开聪慧的绣女们。绣女们将自己的艺术修养融入刺绣之中,不同的绣者展现出不同的风格。随着苏绣的迅速发展,苏州涌现了多位集才华、灵气于一身的绣娘,她们也发展出自己独特的刺绣技艺。清末民初的沈寿就是其中的一位。

沈寿,原名云芝,号雪宧(yí)。她从小生长在苏州,不仅是一位苏绣艺术家,也是精心培养后人、发展苏绣的教育家。她把刺绣技术提升到一个新的高度。沈寿天资聪颖,从小就展露出在刺绣方面的天赋，十六七岁时，便成了苏州有名的刺绣能手。1904年，沈寿绣了佛像等八幅作品，进献清廷为慈禧太后祝寿，慈禧极为满意，赐“寿”字，从此，她正式更名为“沈寿”。

同年，她还远赴日本进行考察，交流和研究日本的刺绣与绘画艺术。回国后，她被任命为清宫绣工科总教习，并自创了“仿真绣”，在中国近代刺绣史上书写了浓墨重彩的一笔。她的仿真绣作品《意大利皇后像》被作为国礼送到意大利皇室，深得意后赞誉。沈寿也因此像获得1910年召开的南洋劝业会一等奖。1915年，沈寿携绣作《耶稣像》到美国旧金山参加展览，获得巴拿马太平洋万国博览会一等奖，让中国的针绣艺术大放异彩。

在教育方面，沈寿担任了江苏南通女红传习所所长。她管理严谨，教学有方。她主张“外师造化”，培养学生仔细观察事物的能力，常带领学生外出写生，观察实物，再讲述仿真绣的理论。即使在病中，她

仍让学生围在榻边，听讲赋色用线的道理。

由沈寿口述、张謇（jiǎn）整理的《雪宧绣谱》是中国第一部详细介绍传统手工刺绣的理论专著。全书以文言文叙述，文字简洁，内容丰富，图文并茂，汇集了作者毕生的刺绣技艺经验，是我国刺绣艺术宝库中一份极有价值的艺术遗产。

拓展问答

苏博士，您可以详细为我们介绍几幅沈寿的作品吗？

沈寿绣品《女优倍克像》

沈寿的仿真绣作品在世界上都是很出名的。其中有一幅在世界上传誉一时的作品《女优倍克像》，现藏南京博物院。这是沈寿按光影深浅绣成的一幅杰作，以仿真传神轰动一时。沈寿的另一幅名誉世界的绣品《耶稣像》，被世人誉为“神针”。《耶稣像》的丝理布局堪称绝妙，人们无论从哪个角度欣赏，耶稣的前额始终光洁，鼻子始终挺拔，头发和胡须更是因丝理而灵动变化、富有层次。

沈寿绣品《耶稣像》

苏博士，除了仿真绣以外，双面绣也十分厉害，您可以跟我们讲讲吗？

当然了！双面绣在宋代就已经出现，是在同一块底料上，在同一绣制过程中，绣出正反两面轮廓完全一样、图案同样精美的绣品。如今的双面绣已发展出双面异色、异形、异针法的“三异绣”，把刺绣艺术发展到神奇莫测的境界。双面绣是我们苏州最鲜活的象征之一，细密的针脚、完美的构图，呈现的是粉墙黛瓦之外的绚丽五色。更精彩的是，灵巧勤劳的苏州人巧穿时空，将城市的发展也打造成了“双面绣”格局，生动鲜活地展示出苏州的前世今生：一面是传统，一面是现代；一面是经济，一面是文化。

课外活动

查阅资料，了解更多关于这位“苏绣才女”的故事吧！有机会的话，还可以去木渎山塘街探访一下沈寿故居。

3 苏州丝绸博物馆

苏博士导读

据说丝绸在我国已有几千年的历史，我打算周末去看关于“丝绸之路”的纪录片，了解丝绸的知识。

我听说丝绸是用蚕丝织成的，丝绸服饰看上去既华贵又精美，织造工艺更让人惊叹不已。

说起来，在苏州很多地方都能见到丝绸。

没错！苏州作为著名的文化古城，在数千年前就与丝绸结下了不解之缘，丝绸可谓苏州一张烫金的城市名片。既然大家都对丝绸感兴趣，今天我们就一起去苏州丝绸博物馆看看吧！

苏博士课堂

中华丝绸文明历史悠久，上可追溯至石器时代。史料记载：“西陵氏之女嫘祖为帝元妃，始教民育蚕，治丝茧以供衣服。”华夏先民们栽桑养蚕、缫丝织绸，在男耕女织的劳作中逐渐成就了璀璨的丝绸文化。

“吴宫锦绣生光华”，苏州自古以来就有丝绸之府、锦绣之地的美誉。太湖流域温暖潮湿的气候，极适宜蚕桑的培育种植，使苏州地区成为丝绸文明的重要发祥地之一。自秦汉始，苏州丝绸便频频在对外贸易中出现。至宋元，苏州担负起官营织造的重任，逐渐

宋锦

成为全国丝绸生产中心。明清时期，苏州丝绸生产贸易鼎盛，皇家使用的高级丝绸织品也大多出自苏州织工之手。而直至今日，丝绸文化仍在为苏州这典雅的江南水乡书写着锦绣华章。

为使丝绸文化为更多人所了解，我国第一座丝绸专业博物馆——苏州丝绸博物馆应运而生。苏州丝绸博物馆以“丝绸之路”为主题，建筑和装饰风格清新典雅，整体色彩以白色为主，以此反映丝绸的本色，是一座现代风格和古城风韵完美结合的艺术建筑。在博物馆广场，可看到一条象征“丝绸之路”的东西向通道，与贯穿主楼南北的全封闭现代化白色墙面相交。墙前分别装饰着采桑女、浣纱女和织绸女三尊汉白玉雕像。墙面在入口处作一自然的曲折，象征着丝绸的柔软、飘逸。墙顶直立一排变体桑树，中间圆形镂空，又宛如丝绸之路上一段绵延的古城墙。

馆内设有历史馆、现代馆、少儿科普馆、桑梓苑、丝织机械陈列室和钱小萍丝绸文化艺术馆六大展区。馆内不仅有静态的丝绸文物陈列，还有动态的栽桑养蚕演示。丝绸展品精美而华贵，奇禽异兽、花团祥云，这些谱写在织物上的图案，骄傲地诉说着丝绸文化的魅力。参观苏州丝绸博物馆，绝不可错过“织染坊”中的丝绸研光处理工艺。在一块巨大元宝石的凹槽里，放着缠有丝织品的木棍。一位艺人两脚踏在元宝石的两个突出部，然后晃动元宝石，通过碾压，使丝绸变得柔软平挺，光泽可鉴。这项独具特色的工艺被誉为“江南丝织工艺一绝”！苏州丝绸博物馆还组织了“苏绣小小传承人夏令营”活动，让大家能亲身体验缫丝技术，学习苏绣基本针法。让我们走进苏州丝绸博物馆，一起做苏绣文化的守护者和传承者吧！

拓展问答

据说西汉时，张骞出使西域，从此开辟出了一条横贯东西的丝绸之路。苏博士，您能给我们讲讲吗？

汉武帝时，张骞（qiān）奉命出使西域，途中却为匈奴俘虏，被困十年才得以踏上归途，不承想途中又被匈奴虏获。被关押一年多后，匈奴内乱，张骞趁机逃回长安。张骞向汉武帝详细报告了西域情况。之后，他再次出使西域，增强了汉朝与西域各国之间的互相了解，促进了双方贸易的发展和经济文化交流，从而真正开辟了丝绸之路。张骞也成为第一个开辟西汉通往西域道路的使者。

如今的丝绸之路延伸出了什么新内涵呢？

在古代，丝绸之路最初主要用来往外运输丝绸、瓷器等商品，后来逐渐成为联系东西方政治、经济、文化等诸方面交流的纽带。2013年9月和10月，国家主席习近平分别提出了共同建设“丝绸之路经济带”和“21世纪海上丝绸之路”的合作倡议，简称“一带一路”（The Belt and Road，缩写B&R），希望借用古代丝绸之路的历史符号，高举和平发展的旗帜，积极发展与沿线国家的经济合作伙伴关系，坚持互通互补互利，实现共赢。“一带一路”倡议不仅顺应世界多极化、经济全球化、文化多样化、社会信息化的潮流，更彰显着人类社会共建文明的美好理想和追求。

课外活动

和爸爸、妈妈去苏州丝绸博物馆逛一逛，一起领略丝绸文化，完成“活动体验卡”。

4 宋锦、漳缎、缂丝

苏博士导读

你们听说过中国的三大名锦吗？它们是云锦、蜀锦和宋锦。

我知道，它们是中华民族优秀传统文化的杰出代表。其中，宋锦就产自我们苏州。

是啊！听说，除了宋锦外，苏州的漳缎和缂丝也很有名呢！

苏博士课堂

“耕而食，织而衣。”这短短的六字，是华夏先民淳朴生活的写照。从先秦的“抱布贸丝”，到南北朝的“木兰当户织”，经纬纱线规律地浮沉交织，悠悠地谱写着中华文明的春秋昼夜。缫丝、束捆、纺络、染色、织绸……一道道工序，在不绝于耳的机杼声中织成了灿烂的锦绣华裳。苏州是江南水乡富贵温柔之地，文人官绅多流连于此，丝绸织物自然而然地在工艺和审美方面引领潮流，宋锦、漳缎和缂丝便是其中的典范。

宋锦，又被称为“苏州宋锦”，起源于春秋，形成于宋代，辉煌于明清，是中国丝绸三大名锦之一。宋锦具有经线和彩纬同时显花的特点，其色泽华丽、图案精致、质地坚柔，可分为重锦、细锦（此两类又合称大锦）、匣锦和小锦几类。宋锦不仅能见于服饰的面

以宋锦为面料的“新中装”

重锦《彩织极乐世界图》轴（局部）

料，还被广泛运用于书画的装裱中。故宫博物院收藏的重锦《彩织极乐世界图》轴，为乾隆初期苏州织造，堪称稀世珍宝。尽管经历了漫长的岁月，宋锦依旧焕发着绚丽的光芒。

漳缎始于明末清初，是借鉴吸纳漳绒技术和云锦艺术风格形成的“缎地绒花”新品种。漳缎由真丝熟经织成，底板呈缎面，闪闪发亮，所起之花绒毛显立，经久不倒。漳缎问世后，深得王公贵族的喜爱。康熙帝就曾对漳缎大加赞赏，并下令苏州织造局负责监督织造，使漳缎成为皇室贵族和朝廷官员外衣的首选衣料。漳缎的织造工序比一般织物更为复杂，是古代丝织品中的高技能产品。

漳缎面料

缂丝，又称“刻丝”“克丝”。缂丝的起源是汉魏时期的“缂毛”技艺，在唐代时这种技艺被运用于丝织物，宋代起逐渐从实用品生产转向观赏品生产。缂丝以生丝为经线，

朱克柔缂丝作品《鹡（jí）鸰（líng）图》（局部）

各种彩色熟丝为纬线，利用“通经断纬”的方法织造而成，融丝织工艺技巧于一身，堪称“织中之圣”。“一寸缂丝一寸金”，因得之不易而异常名贵。南宋以来，缂丝工艺扎根于江南，并在苏州市区及周边的东渚、光福、陆慕等地广为流传，成为苏州最具代表性的文化表现形式之一。

拓展问答

古典名著《红楼梦》中描绘了大量精美的丝绸衣物，听说贾府的背景就与织造署有关。苏博士，古时苏州就设有织造署吗？

是的。苏州织造与江宁织造、杭州织造并称“江南三织造”。事实上，苏州自古丝织业发达，自元代起，朝廷就在苏州设立织造局，直接加以管理。康熙年间，苏州织造署西侧还建有行宫作为皇帝“南巡驻跸之所”。康熙和乾隆下江南至苏州时，就多次住在苏州织造署西花园（即现在的苏州市第十中学）。

宋锦、漳缎、缂丝分别有哪些代表性传承人呢?

钱小萍现在是国家级非物质文化遗产宋锦织造技艺的传承人，她“复活”了几乎已成绝技的宋锦织造技艺。王晨是漳缎织造技艺的省级非遗传承人，她不仅在恢复漳缎技艺，更努力将这种技艺转变为艺术。缂丝织造技艺流传至今，国家级代表性传承人有中国工艺美术大师王金山，他曾成功复制故宫博物院收藏的缂丝名作多件，是迄今为止唯一的缂丝类国家级工艺美术大师。

王金山缂丝作品《趣》

课外活动

细心观察缂丝、漳缎和宋锦作品，描述一下它们有什么不同。

缂丝工艺品

漳缎服饰

宋锦服饰

社会实践课　指尖传奇
——丝韵之旅

苏博士去哪儿

苏州丝绸博物馆真是太有趣味了！在蚕桑居里，蚕宝宝啃食桑叶，发出“沙沙沙”的声音，还有的正在勤劳地结茧。可爱的蚕经历卵、幼虫、蛹、成虫四个形态，一生虽然短暂，却为人类提供了最宝贵的纺织原料。

织染坊也独具特色，有代表中国最高织造技艺的宋锦织机和漳缎织机，织工脚踏竹竿，抛梭引纬，这机杼声让人好像穿越时空，回到了“万户机声”的时代呢！有机会，我也想上手试一试。

中国苏绣艺术博物馆里的精品实在让人拍案叫绝。乾隆皇帝的朝服、刺绣艺术家沈寿的作品，还有双面异色绣、双面异色异样绣等，这样精雅的工艺需要多么聪慧的心灵和灵巧的手艺啊！

苏州丝绸博物馆和中国苏绣艺术博物馆都是丝绸刺绣的宝库、知识荟萃的海洋、文物保护的基地，更是社会教育的课堂。我们一起为大家制定了微旅游路线，同学们快开启你们的丝韵之旅吧！

苏绣绣架

微旅游路线推荐

丝绸文化体验之旅

苏州丝绸博物馆：历史馆（古代厅、蚕桑居、织染坊、贡织院、民国街和非遗厅）——现代馆——少儿科普馆——桑梓苑——丝织机械陈列室——钱小萍丝绸文化艺术馆

指尖传奇——苏绣体验之旅

中国苏绣艺术博物馆——王鏊祠——环秀山庄

完成微记录

选择一种完成

1. 制作“丝韵”主题手抄报：

（1）手绘并介绍蚕宝宝的一生；

（2）绘制苏州丝绸历史发展的时间线轴；

（3）将你喜欢的丝绸藏品画下来，让自己的手抄报更绚丽多彩吧！

2. 设计刺绣图案：

（1）勾勒一幅刺绣图案；

（2）为你设计的刺绣图案配上颜色；

（3）有条件的同学照着设计的图案尝试刺绣吧！

苏州工艺美术博物馆关键词

★ 玉雕：陆子冈与“子冈牌”

★ 核雕、木雕

★ 明式家具：榫卯结构；官帽椅

★ 苏扇：折扇、檀香扇、绢宫扇

第四单元

苏州工艺美术博物馆

1 苏州工艺美术博物馆

苏博士导读

苏博士，我有个北方的朋友这周末要来苏州，他对精美的“苏作”可是久仰大名了，您说我该带他去哪儿参观一下呢？

典雅的苏州工艺美术博物馆是个不错的选择哦。

苏博士，这座博物馆有些什么独特的藏品呢？

苏州工艺美术博物馆，顾名思义，自然是汇集了苏州手工艺的精品。苏州的雕刻、织绣、明式家具等都以灵巧、雅致闻名中外，这座博物馆就收藏了大量当代手工艺精品，有巧夺天工的异色双面绣《毛主席在书房》，也有充满现代感的玉雕《速写江南》。“有朋自远方来”，你可要带他去好好欣赏一番！

苏博士课堂

苏州自古以来就物阜民丰，良好的经济基础让生活在这片土地上的人们有了追求精致生活的可能。明清以后，在士大夫阶层的推动下，苏州的玉雕、木雕、核雕、刺绣、缂丝等精美的手工艺享誉全国。

虽然苏州工艺的名声很响，但是苏州的匠人并不骄傲，依旧保持着低调、内敛的本色，兢兢业业。苏州工艺美术博物馆这座集合了当代苏州顶尖手工艺大师作品的博物馆，也保持着同样的低调，静静

白玉雕刻《素面碗》

地藏在苏博隔壁的西北街上，期待着游人不经意的一瞥。

苏州工艺美术博物馆在西北街88号，原来是清代乾隆年间的建筑“尚志堂吴宅”。2003年，经过修整的古宅作为工艺美术博物馆重新和大家见面，让人们可以集中了解“苏作”的巧夺天工，同时，也让古建筑得以获得新生。

馆内分为五个部分：珍品精品馆、织绣艺术馆、综合雕刻艺术馆、檀香艺术馆和微型景观馆。在陈列展示的工艺美术精品、珍品中，包含了苏州的刺绣、檀香扇、缂丝、玉雕、木雕、石雕、剧装、桃花坞木版年画、明式家具、民族乐器、仿古铜器、雕漆、金属工艺品及文房四宝等十余类近千件工艺美术精品、珍品，其中除了当今中国工艺美术大师、江苏省工艺美术大师、江苏省工艺美术名人的代表作品，还有一些已故老艺人的孤品、绝品。

当然，苏州工艺美术博物馆

檀香扇

的魅力远不止此，因为这座博物馆本身就是精致典雅的私家园林，欣赏工艺精品的同时也可以体验苏州园林的魅力，移步换景，在光影变幻中寻找能打动你的那份“精致姑苏”。

拓展问答

我也要去苏州工艺美术博物馆看看，苏博士可以给我们介绍一下博物馆的前身“尚志堂吴宅”吗？

大家进入博物馆时，会在左手边看到一块石碑，上面写着“尚志堂吴宅”。它始建于清朝乾隆年间，坐北朝南，三路四

进，在百年的变迁中换了很多主人，据说有高姓主人，也有吴姓主人，这里甚至还曾经是太平天国忠王李秀成用来安置家属的宅子。后来，尚志堂散为民居。1954年，尚志堂的中路成为苏州檀香扇厂的厂房，东、西两路还是民居。现在的苏州工艺美术博物馆，使用的就是曾经的檀香扇厂厂房。

苏博士，我在书本上了解到苏州的手工艺一直是全国有名的，而且特别雅致灵巧，这是为什么呀？

苏州人崇文重教，尤其明清两朝，很多状元都出自苏州。士大夫阶层的文人往往在书画上有很深的造诣，会让匠人按照自己的喜好去定制把玩的物件。所以，苏州的手工艺人钻研技巧的时候，也在不断提升自己的文化修养，使自己的作品得到士大夫阶层的认可。“苏作”就慢慢地成了雅致、灵巧的代名词了。

课外活动

和爸爸、妈妈或者朋友一起去苏州工艺美术博物馆逛一逛，感受指尖上的精致姑苏。

2 匠心独运——苏工玉雕

苏博士导读

昨天妈妈带我去十全街买了一块玉佩，特别漂亮！

真的吗？是什么图案呀？

这块玉佩是和田籽料，雕的是一株兰花。听玉雕师傅说，兰花有“蕙质兰心”的寓意。苏博士，您能给我们科普一下玉雕的其他图案吗？

没问题！玉雕的图案有很多，传统的图案中，常常会雕刻站在梅枝上的喜鹊，意为“喜上眉梢”。如果是蝙蝠和铜钱的纹样，就是取“福在眼前”的口彩。传统玉雕有很多常见图案，往往都自带吉祥寓意，但是要巧妙地利用玉石本身的特点，把这些经典图案合理安排好，除了常年积累的“技”，还需融会贯通的“艺”，从技到艺，就需要匠心的加持了。

苏博士课堂

“良玉虽集京师，工巧则推苏郡。”这句话应该是对苏州玉雕的最高评价了，数百年来，一代又一代的玉雕匠人汇集苏州，在切磋琢磨中提升自己的技艺，也推动了苏州玉雕的发展。

说起苏州玉雕，必然绕不开玉雕大师陆子冈。这位生活在明朝中期的玉雕大师，因技艺超群、雕件巧夺天工而闻名全国。以他名字命名的“子冈牌”更是被玉雕界奉为圭臬。这种一面雕刻文人山水画，一面雕刻诗文印章的玉牌，充分展现了高雅脱俗的特点，在玉石上保留了

“司马光砸缸”子冈牌

明代文人雅士刚柔并济、内敛含蓄的特质，也留存了千百年来中国人推崇的和谐理念。

在苏州工艺美术博物馆里，也有大量的玉雕精品。比如白玉雕刻的《一生福气》，这块白玉并非纯白，但是玉雕师傅根据玉石原本的色泽，联想到同样黄白相间的人参，将这件作品从原石中“解放”了出来。黄褐色的皮成了蝙蝠，代表福气，人参则取“参”的音近字“生”，凑成“一生福气”的好寓意。

如同教育上讲究“因材施教”，琢玉也需要“因材施艺”。因为苏州不是玉石的产地，所以每一块优质原石的得来都很不容易。如何巧妙地利用玉石本身的特点，设计出兼顾寓意和美感的作品，是对玉雕师经验和“艺”的考量，而如何在下刀时保证小心而不死板，则是对玉雕师的胆量和“技”的考验。

苏州除了玉雕，还有诸如核雕、木雕之类的雕刻艺术，同样要求雕刻匠人胆大心细、

白玉雕刻《一生福气》

黄杨木雕《五龙戏玉环》

技艺双全，可以用同一种材质表达出不一样的质感。比如质密而细腻的黄杨木可以成为《五龙戏玉环》中厚重古朴的螭龙，也可以是衣袂飘飘、欲乘风而去的九天玄女。

这些小小的精美雕件里，饱含了雕刻大师们对原材料的理解、对观赏者的祝福和对自己的挑战，凝聚了大师们的巧思、对于艺术与人生的感悟和日复一日的汗水与坚持。他们延续着“苏工”的辉煌，传承着工匠精神。

拓展问答

玉雕界除了陆子冈，还有哪些能工巧匠呢？

苏州的玉雕界一直大师频出，从明代大家陆子冈、清朝琢玉高手姚宗仁，到当代的一众玉雕大师，传承从未间断，创新也一直在进行。博物馆内的和田籽料玉雕《速写江南》就是当代玉雕工艺大师杨曦的得意之作，细腻的传统技法和“虚实结合”的新技法在这件作品上完美融合。另一件现代气息浓郁的作品，是来自玉雕师程磊的《姑苏图——春花·夏雨·秋叶·冬雪》，她以小景来展现姑苏气质，颇有晏殊、李清照的婉约气质。

程磊玉雕作品
《姑苏图——春花·夏雨·秋叶·冬雪》

我之前听爸爸提到过《核舟记》，讲的就是苏州的核雕，苏博士，您能给我们再详细讲讲吗？

《核舟记》是明代的魏学洢（yī）写的一篇文章。文章描写的是苏州人王叔远在一个“长约八分有奇，高可二黍许”的桃核上，刻画出《赤壁赋》中小船的故事。据说这条小船上，有苏轼、黄庭坚、佛印等5人，而且船上左右都有小窗，还可以打开。现在，苏州的光福、舟山等地，也聚集了大量的核雕艺人，这巧夺天工的小舟也成为重要的核雕创作主题。

陈祖章核雕作品《赤壁游》　台北故宫博物院藏

课外活动

和爸爸、妈妈一起去十全街、相王弄以及南石皮弄的玉雕工作室逛一逛，领略一下玉雕的魅力；也可以去舟山的核雕工作室，探寻核雕的灵巧。

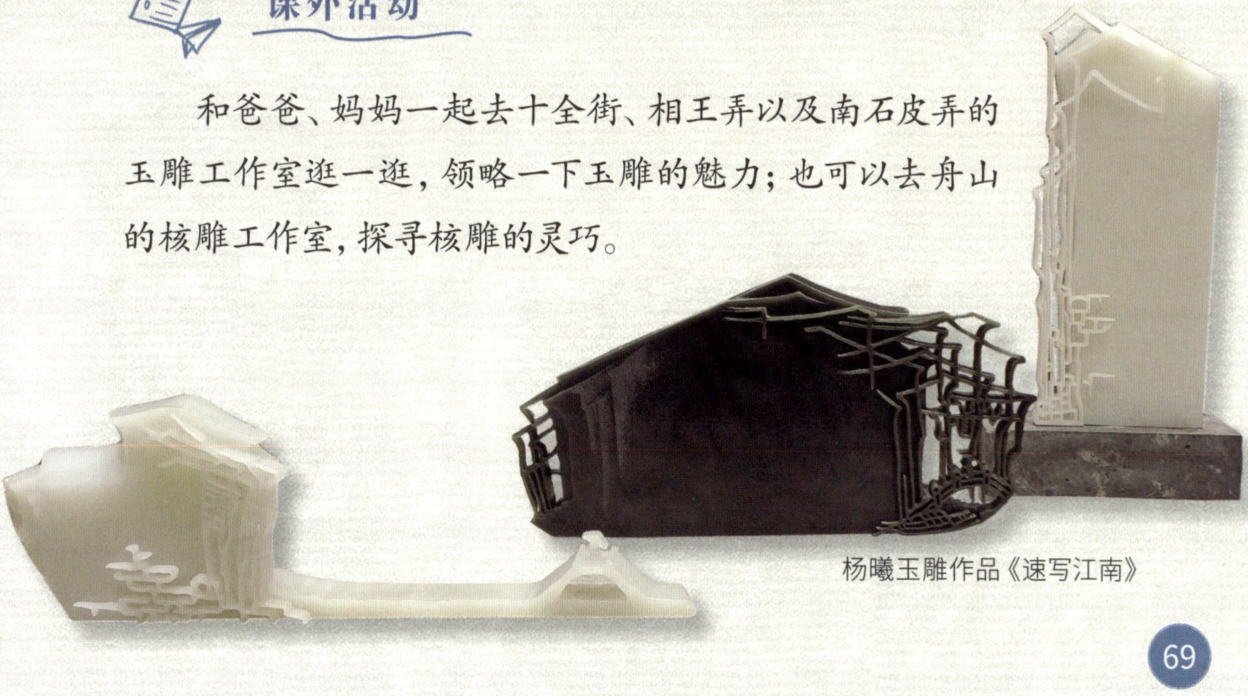

杨曦玉雕作品《速写江南》

3 大道至简——明式家具

苏博士导读

苏博士，周末的时候我和爸爸、妈妈一起去了拙政园，那里展示的家具很典雅，线条流畅简洁，真是美极了！

拙政园里的红木家具是明式家具，这是苏州人最为熟悉的家具样式。现在世界范围内，以“式”相称的家具仅有明式家具、哥特式家具、洛可可式（路易十五）家具三种，而明式家具是居首位的。

原来明式家具这么有名！

自明代中叶开始，明式家具在以苏州为中心的江南大地上兴起，一直受到文人雅士、达官贵人的追捧，因此，文人雅士的审美也逐渐体现在苏作家具中，从而使苏作红木家具达到了中国明式家具的最高水平，这是值得每个苏州人骄傲的。不过，明式家具看起来造型简单，其实内部构造十分复杂。欲知详情，且听我细细道来。

苏博士课堂

官帽椅

大家走进苏州工艺美术博物馆时，一定要耐着性子走到宅子的最深处，因为那里藏着一间明式家具的展馆。这个展馆和博物馆本身一样，没有特别明显的牌子，门口又十分低调，非常容易被人忽略。但是，只要你走进去，一定会被屋内精美的家具和红木摆件所震撼。

馆内的家具都是用紫檀木、酸枝木、花梨木等优质木材制作的。和苏工玉雕一样，由于雕刻的原材料都经长途跋涉而来，且珍贵的进口木料或是进贡朝廷，或是在广州被大量消耗，真正进入苏州的很少，所以苏作红木家具行当里一直秉持着惜木如金的传统，力争发掘每一块木材肌理的天然之美，物尽其用。

对材料的精打细算不断推动着苏作家具的精进。结构精巧的苏作家具多一根就会累赘，少一根则会散架，在比例上也是精确到每一寸，无论是增还是减，都会让整件家具看起来不协调。在结构上“省”到极致之后，就需要思考如何让有限的木料连接起来时有足够的承受力和拉力。这就要说到明式家具的精髓——榫卯结构。明式家具的榫头极其复杂，每个榫头里都有很多复杂的小结构。据说，现存的榫头归纳下来，就有一百多种形式。因为榫头一旦敲进去就完全固定了，不能有任何改变，所以这就要求木工师傅有极高的技术。一榫一卯，一转一折，明式家具的精髓就这样被敲进了严丝合缝的榫卯之间，支撑起明式家具的风骨。

如果说榫卯结构是明式家具的筋骨所在，那么简洁的造型就是明式家具的灵魂了。在复原明式家具的时候，匠人需要先去了解它出现的时期以及它最初的设计者，知道了它的来龙去脉后再开料制作，才能做出它的神韵。比如经典的官帽椅，使用过的人肯定会发现久坐在官帽椅上并不舒适，它似乎会迫使使用者正襟危坐。而这种坐姿比较容易让浮躁的心情平静下来，还能很好地体现人的精神风貌与内在气质。文人雅士在精神上的追求隐藏在家具的结构图案间，让后来聪颖的匠人得以在复原家具时，窥得前人的万千思绪，在简洁流畅的线条中，感知百年前生活的点滴细节。

拓展问答

苏博士，您能不能推荐一些明式家具方面的书籍呀？我想多做些了解，在爸爸挑选明式家具的时候参谋参谋。

说起明式家具，就不得不提到“京城第一大玩家”王世襄先生。他家学渊博，对文物研究和鉴定有着精深的造诣，尤其是古典家具。他曾经写过《明式家具研究》，系统地阐述了明式家具的成就，从人文、历史、艺术、工艺、结构、鉴赏等角度完成了对明式家具的基础研究。在老先生的《锦灰堆》一、二卷，以及《锦灰二堆》里也有不少关于家具的文章，感兴趣的同学可以和爸爸、妈妈一起阅读一下。

课外活动

勾勒明式家具的线条，试着描绘明式家具的装饰图案，感受明式家具的独特魅力。

4 袖怀雅物——苏扇

苏博士导读

我最近看了一支古典舞《纸扇书生》，跳舞的小哥哥们人手一把折扇，跳起来特别帅气潇洒。

是的，真的是“陌上人如玉，公子世无双”！

我倒是对折扇更感兴趣，苏博士您给我们讲讲吧！

折扇的来源有很多种说法，其中有一种说法为，折扇是北宋时期从日本、朝鲜一带传来的舶来品。虽然折扇进入国人视野比团扇晚，但是因为方便携带等优势，很快为文人雅士所喜好，人称“净君扫浮尘，凉友招清风”。我们苏州的制扇工艺可是鼎鼎有名的，今天我们就一起来欣赏苏扇的风雅吧。

苏博士课堂

扇子在我国历史上有着极其重要的地位，无论是团扇，还是后来居上的折扇，抑或是仅有百余年历史的檀香扇，都是文人雅士手头不可或缺的物件。苏扇素以历史悠久、制作精巧著称，其中最负盛名的是折扇、檀香扇和绢宫扇。因苏扇风雅娟秀，故也称“雅扇”。

檀香扇

苏工折扇分扇骨和扇面两部分，每一个部分的制作都需要工匠师傅数十年的经验和功夫。扇骨的材质有很多，红木、竹子都可以。相较于昂贵华丽的红木，苏州的文人似乎更加青睐竹子，东坡居士说“可使食无肉，不可居无竹”，这句话也许可以恰切地解释这种偏好。

不过，从山野间的竹子，到制成一把小巧雅致的折扇，过程可一点也不容易。折扇虽小，工序繁复，光扇骨的制作就要经过70道工序。首先，选材的时候要选择竹龄至少5—7年的竹子，且产自浙江、安徽的为优。然后，竹材还要经历煮、晒、劈、成型、烘烤、打磨等工序。接下来就是雕刻或者髹漆，不少文人会在扇骨上雕刻花中四君子——梅、兰、竹、菊以示高洁。最后是烫钉和装配。只有一丝不苟地完成上述步骤，装上扇面，竹子才能华丽转身成为“凉友”。

而在折扇的扇面上作画、题诗，更是苏州文人的一大爱好。扇面画成为绘画中的一个独立门类，或绘以清逸的山水，或绘以各式花鸟虫鱼，再配以飘逸遒劲的书法，“雅扇”之名的确名副其实。

《九龙》大宫扇

苏州工艺美术博物馆是在曾经的檀香扇厂房的基础上修建的，这座博物馆似乎在冥冥之中和扇子有着不解之缘。馆内的各个展厅里，都藏着各式各样的扇子，材质各异。其中，有岫玉雕刻成的《龙凤呈祥》折扇，有刻画着瑶池仙女的大型檀香扇，也有紫檀、檀香嵌银丝拉烫折扇，还有朴素雅致的红木镶银丝折扇等。

甚至，博物馆本身也像一把折扇，小而朴素的入口隐藏在民宅、摊贩中，稍不留神就会错过，像合起来的折扇那样朴实无华。如果你恰巧发现了这座精致的宅子，那么恭喜你，你成功打开了这把“雅扇”！

拓展问答

我也想买一把竹子折扇，但是我对扇子的了解太少了，苏博士您能告诉我怎么挑选吗？

首先，折扇必须是攒头聚尾的，可以很轻易打开的扇子不是合格的折扇。其次，竹子扇骨也有很多种类，表面都是匀细光洁的，会泛着温润如玉的光泽。如果是毛竹，外表就是色黄而晶莹；如果是棕竹，外表就是色乌而素净；如果是湘妃竹，外表则是褐黄相映，疏密有致的斑纹似一路繁花。折扇也是

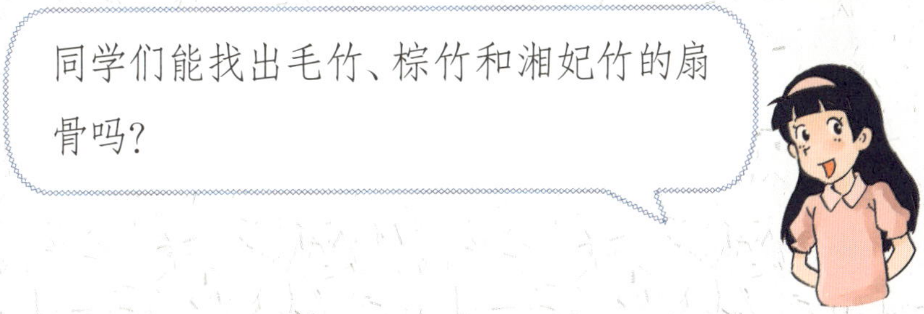

文玩，需要主人的把玩爱护。无论选择价格高还是低的折扇，只要仔细盘玩，几年之后，都会有让人欣喜的变化。

课外活动

苏州的檀香扇和绢宫扇也极受海内外人士推崇，查阅资料，了解一下檀香扇和绢宫扇的历史和制作工艺吧！

苏州民俗博物馆关键词

★ 节令习俗：百花生日、乞巧节、山塘看会

★ 吉祥民俗：赛猛将、接路头、送灶神

★ 育子习俗：做满月、抓周、舅舅送上学

★ 不时不食：春卷、炒肉馅团子、桂花鸡头米

第五单元

苏州民俗博物馆

1 苏州民俗博物馆

苏博士导读

同学们，了解完苏州的工艺美术，我们接着学习苏州的民俗。你们知道苏州有哪些民俗吗？

我知道！每年的正月十五元宵节，爸爸、妈妈都会带我去看灯会，奶奶也会煮上一大锅软软糯糯的汤圆，香甜的味道让人回味无穷。

我知道中秋节要赏月、吃月饼。

每逢冬至，爸爸要喝冬酿酒，妈妈要烧上一大桌子的美食，因为苏州的冬至“大如年”。

说得都很对！你们想不想了解更多苏州的民风民俗呢？不如跟我去苏州民俗博物馆逛逛吧！

苏博士课堂

十里不同风，百里不同俗。在漫长的历史中，苏州人民创造了灿烂的物质文化和精神文明，形成了苏州独特的民间风俗。

苏州人讲究仪式感，不同的时节有不同的活动。从过年到中秋节再到“大如年”的冬至，一整年都是丰富多彩、热热闹闹的。“爆竹声中开万户，簇新衣帽拜新年”，大年初一，岁朝来临，家家户户开门放爆竹，响声连天，寒烟满巷，叫作“开门爆仗”。

二月初二“龙抬头”。这一日，苏州人会去剃头，称“剃龙头”，还要吃撑腰糕，祈求鸿运当头、身体康健。农历二月十二的“百花生日”也深得苏州人的重视。人们“剪五色彩缯（zēng），系花枝上为彩幡”，向百花表示祝福，祈愿花开繁茂，生活美满，称为“赏红”。历史上的苏州是著名的花木城市，所以苏州人对花特别有感情，民风民俗与花木也有着千丝万缕的联系。例如，“玉兰房看花”“谷雨看牡丹”“珠兰花市”“消夏湾观莲”“山塘桂花节”等，都是与花相关的民俗活动。

清明节踏青扫墓，立夏尝三鲜、斗鸭蛋，四月十四轧神仙、逛庙会，端午裹粽子、织网袋。一直到七月初七，女子们可盼来了乞巧节。晚上，女子在院子中精心摆上香烛、花果等祭祀用品，叩拜织女星，祈求获得心灵手巧的手艺，称为“乞巧”。这一天，爱美的女子还会用凤仙花染指甲，称“红指甲”。这一天，家中一般还会自制“巧果”。

吃过了中秋节的月饼、糖芋艿，赏过了重阳秋色，等吃上甜甜的腊八粥时，一年也就快要到头了。岁末，是苏州人一年最忙碌的时候，祭祖、祭神的活动也非常多。过年前后，又有掸檐尘、送灶、吃团圆饭等习俗，表达了人们祈求阖家安康、亲人团聚、风调雨顺的美好愿望。

当然，苏州的民间风俗远不止这些。如果想了解更多苏州的岁时节令、礼仪习俗、饮食特色，那么苏州民俗博物馆你是来对了。

苏州民俗博物馆原为贝氏家祠。目前，“岁时节令”“吉祥民俗”“育子习俗”三个展厅对外开放。展厅通过文物展示、绘画雕刻、场景再现等相结合的方式，多方位展示苏州的民风民俗。相关资料显示，博物馆建馆以来共征集和接受民间捐赠的民俗文物计两千余件。通过这些文物，你可以想象过去的苏州人是怎样生活的，光是这一点，就十分有意义。

拓展问答

苏博士，我听说苏州有“三节出会”的说法，这“三节”是什么时候呢？

迎神赛会，俗称“出会”。“三节出会”，指每到清明、七月半和十月朝，苏州有出会的习俗，尤其以清明最为隆重。出会仪式中，最受人们欢迎的就是舞狮子、抬阁等表演了。仪式经过渡僧桥、山塘街一带，人们蜂拥而出，争相观看，俗称“山塘看会”。住在附近的居民也十分好客，往往会为前来看会的亲朋好友奉上好酒好菜，这也被称为“留会饭”。

苏博士，苏州民俗博物馆原来是贝氏家祠，能给我们简单介绍一下贝氏家祠的情况吗？

贝氏祠堂是苏州名园狮子林的祠堂部分。20世纪初，贝氏家族的“颜料大王”贝润生买下当时的狮子林，浚水修池、重修厅堂，又买下狮子林园东之地，建贝氏家祠、族校、住宅。中华人民共和国成立后，贝氏的子孙就将狮子林，连同住宅、楼厅一并捐献给国家。位于园东北部的祠堂及部分住宅，于1985年开始筹备改建苏州民俗博物馆，1986年11月正式开馆。

课外活动

和家人去苏州民俗博物馆走一走，感受苏州独特的民风民俗吧！

2 赛猛将，风调雨顺丰收年

苏博士导读

咦？橱窗里那座两条龙造型的青铜器是什么呀？

那是民间赛猛将时祭祀用的香炉，旁边两根类似小柱子的青铜器是烛台。

赛猛将是什么习俗呢？苏博士快来给我们讲讲吧！

苏博士课堂

有一种昆虫叫蝗虫，也就是蚂蚱。蝗虫以绿色植物为食，一旦蝗虫过多，就是“蝗灾”，蝗虫所过之处，看不见一点绿色，农作物往往颗粒无收。面对蝗虫侵害庄稼，古人无能为力，只能求助于神灵。猛将神是苏州民间的驱蝗神。相传农历正月十三日是猛将神生日。赛猛将就是人们把猛将的神像抬到田头，想借助神的力量，达到驱蝗的目的。后来，这一活动成为一种民俗活动。

赛猛将由待猛将和抬猛将两项活动组成。苏州宋仙洲巷吉祥庵旧时有祭祀仪式。每年临近猛将神生日时，便在庵内点燃巨烛两根，这巨烛足有五六十斤，可以燃烧半个月。人们纷纷赶往吉祥庵观看，俗称“看大蜡烛”。前后数日，人们准备肉食茶酒等供品，结彩设棚，称为“待猛将”。猛将神生日当天，人们抬着神像在田间奔走如飞，倾跌为乐，竭尽所能逗神开心，称为“抬猛将”。

虫王之神——猛将神

猛将神是谁呢？说法不一。有人说是南宋抗金名将刘锜，有人说是刘锜的弟弟刘锐，而在太湖流域的一些地方，民间传说的猛将神却是一个令人同情和敬佩的儿童。

相传，猛将神姓刘，是个命苦的孩子，他遭后娘虐待并被赶出了家门，后来被外公和舅舅收留。有一年，田里的水稻成熟时，突然飞来大片的蝗虫，孩子就冲到田里去赶蝗虫。他想：“如果我把蝗虫赶到别人的田里，它们就会吃别人田里的庄稼，我还是把它们赶到海

里去吧！”于是，孩子日夜不停地驱赶蝗虫，终于把它们都赶到了海里，但他自己也累得筋疲力尽，一不小心竟被浪花卷到了大海里。

虽然关于猛将神的说法不同，但它们大多源于人们朴素美好的愿望。猛将神到底是谁，对于苏州人来说也并不是那么重要，只要他能驱蝗、司雨，保佑一年风调雨顺、庄稼丰收就足够了。

拓展问答

爸爸，在苏州方言中，大家习惯把热闹叫作“闹猛”，把凑热闹叫作“轧闹猛”，这是不是也和赛猛将有关呢？

有学者认为，吴语中的“闹猛”就源于赛猛将这项民俗活动。赛猛将作为一项很重要的民间活动，不仅有祭祀、抬神像游行活动，还有集市、戏曲表演等，人山人海，十分热闹。久而久之，“闹猛”一词也就成为热闹的代名词。

除了赛猛将外，苏州的民俗中还有其他类似的活动吗？

苏州民俗中类似的活动还有很多。例如正月初五是五路财神的生日，苏州人就有“接路头”的风俗，迎接财神，祈求新的一年富裕吉祥。农历正月初九天诞日，人们往往要烧香秉烛拜天公，祈求风调雨顺、五谷丰收。霜降之日，吴地有祭旗纛（dào）、听信爆的习俗，旧时苏州，每当霜降之际，民众都会聚集在桃花坞校场演武厅旁的旗纛庙观看祭旗纛仪式，以求祓除不祥。腊月二十四，人们通常会送灶神，用“糖元宝”“谢灶团”祭祀灶神，祈求灶神在天庭多美言，保佑其一年丰衣足食。这些苏州民俗活动都表达着苏州百姓对于美好生活的祈愿。

课外活动

苏州民俗博物馆里还有寄名袋、发禄袋、龙凤彩灯等民俗藏品，这些藏品中寄托着人们怎样的生活愿景呢？试着找一下答案吧！

3 不时不食，苏式饮食之讲究

苏博士导读

苏博士，前面提到的好多民俗都离不开食物，那苏州人在饮食方面有哪些风俗和习惯呢？

苏州人在饮食上特别讲究吃时令菜，强调“不时不食”。下面我就给大家说一说苏州人在饮食上的这份“执拗”吧。

苏博士课堂

“江南佳丽，吴郡繁华。土沃田腴，山温水软。”袁学澜的《苏州时序赋序》道出了苏州优渥的自然环境以及相对安定的社会环境。这些因素，为苏州人的饮食提供了得天独厚的客观条件。苏州人喜爱美食，并在吃的过程中形成了独特的饮食习惯。

“不时不食”是对苏州人饮食风俗和习惯的精准概括。苏州人严格遵循自然之道，吃东西应时令、按季节。这其中蕴含的，是人与自然和谐共处的生活智慧，也是重传统、重人情的礼仪文化。

立春代表春天的开始，万物复苏，一同苏醒的还有苏州人的味蕾。古代苏州人立春时有食用萝卜的习俗，叫“咬春”。直

至现在，苏州人还会在立春吃春卷。把制好的馅料摊放在春卷皮上，两头折起，卷成长卷，下油锅炸至金黄色。春卷皮薄酥脆、馅心香软，别具风味。当然，春卷的馅心也是讲究时令的，荠菜馅是首选。

到了清明，青团子、螺蛳上市了。青团子是用麦草的汁拌进糯米粉里，再包裹进豆沙馅做成的团子。一口咬下去，甜而不腻，带有清淡却悠长的春天青草香气。“清明螺，赛过鹅”，清明正是采食螺蛳的好时节。螺蛳便宜又美味，苏州人都是一大盆嗍（suō）着吃，且从来不需要牙签等工具，用嘴一吸就能把肉吸出来，叫作“嗍螺蛳”。

炎热的夏天，苏州人的饮食里又怎会少了炒肉馅团子？每年夏天，炒肉馅团子一旦开卖，就会有人排着队购买，现买现吃。炒肉馅团子的重点在肉馅上，一指高的团子里面包了猪肉末、虾仁、金针菜、笋丁、黑木耳和扁尖等，真是“花头经蛮猛格”。

苏州人秋天一直有吃桂花鸡头米的习俗。立秋前后，鸡头米上市了。鸡头米营养丰富，口感软糯。一碗下肚，心里也会增添几分幸福感。

到了冬天，苏州人的吃食多少沾染了喜庆的味道。就拿年夜饭来说，菜肴都要有吉祥的寓意。肉圆、蛋饺是不能缺的，肉圆象征团团圆圆，蛋饺因形似元宝，含有招财进宝的寓意。黄豆芽因形状像如意，所以叫作“如意菜”。青菜、菠菜等因为梗长，所以叫作“长庚菜”，“长庚”就是长寿的意思。

苏州人关于“吃”的习俗是道不尽、讲不完的，苏州人对精致生活的追求和对美好事物的向往也是永远不会改变的。

拓展问答

苏博士，我发现苏州人对于糕团情有独钟。那么，苏州人在吃糕团方面有哪些习俗呢？

苏州四季分明，物产丰富。勤劳、聪明的苏州人能巧妙利用不同季节的自然物产来丰富饮食。糕团也同样具有时令性强的特点，素有“春饼、夏糕、秋酥、冬糖”的说法。另外，苏州人非常遵循自然法度，在糕团的制作上讲究“原生态”。不论是外观的着色剂，还是增香的香料，尽可能都用天然的材料。比如说青团子多是用浆麦草、青艾汁或者菠菜汁等绿色蔬菜汁来染色的，而糕团所用的红绿丝也是以青杏干丝、橘皮丝和萝卜丝等制成的。

课外活动

挑一个节日或者节气，和爸爸、妈妈一起动手做一道苏州节令美食吧！

4 苏州民俗里的“成长礼”

苏博士导读

那边一头像狮子一样的神兽是什么？

乐乐，那是旧时麒麟造型的灯彩。

有什么寓意呢？

麒麟是古代传说中的仁兽，是仁厚和吉祥的象征。苏州自古就有“麒麟送子”的说法，麒麟送子的图案含有早生贵子、子孙贤德的寓意。今天苏博士就给大家讲一讲苏州在育子方面的习俗。

苏博士课堂

望子成龙，望女成凤，父母为了孩子的成长可谓操碎了心。苏州人在抚养儿女这件事上也有一定的习俗。出生、满月、周岁、上学，孩子出生以后的每一个节点都会有一系列的仪式。这不仅反映苏州人对新生命的关注和期待，更反映出苏州传统文化崇文重教的特点。

麒麟灯彩

在苏州，孩子出生一个月以后，

要举行庆贺礼，称为“做满月”。新生儿家里会举办宴请亲友的酒筵，叫作“满月酒”，还会准备煮熟染红的鸡蛋，作为礼物送给亲友。“做满月”的礼俗中，有一项重要的内容是为孩子剃“满月头”。“满月头”发型，一般是在头顶留一小圈头发，其余剃光；也有的在脑后留一小块铜钱大的头发不剃，称“孝顺毛”。

孩子长到一周岁，就要举行“抓周”仪式了。父母会在盘中放上各种物品，有毛笔、算盘、书本、针线……孩子首先抓到什么，就以此预测他将来的志向和爱好。不必较真仪式有几分科学性，这里包含的是父母对孩子成长的殷殷心愿。与此同时，亲戚们会送上锁片、长命锁、帽饰等物品，用以祈愿孩子平安健康长大。

等孩子长大，到了上学的年纪，就轮到舅舅出马了。苏州一直都有“舅舅送上学”的习俗。孩子上一年级，舅舅要准备学习

苏州民俗博物馆“舅舅送上学”模型

用品和讨口彩的物品，送外甥上学。有的地方会准备糕、粽，含有“高中”的寓意；有的会准备葱、菱角，希望孩子“聪明伶俐”；也有的会准备“烤果”，谐音“考过”。在苏州民俗博物馆的展厅里，就有一处模拟“舅舅送上学”的场景：寻常街巷里，舅舅低头呼唤外甥，后头跟着挑夫，周围的行人形态各异，一派江南水乡早晨的热闹忙碌景象。

拓展问答

“鲤鱼跳龙门”在苏州是不是也和孩子有关？

“鲤鱼跳龙门”在苏州传统年画中有求子的寓意。太湖有“抄虾拖虾一整年，不及鲤鱼消子（产卵）四十天”的渔谚，足见鲤鱼的繁殖能力非同寻常。民间传说鲤鱼能神变，常飞跃江湖。民间还有“鱼化龙”的故事。“鲤鱼跳龙门”不仅有求子的寓意，也有望子成龙，希望孩子将来能出人头地的美好愿望。

年画《鲤鱼跳龙门》

刚才在展厅内，我看到了“立夏称人”的习俗，这也和孩子有关吗？

是的。夏天到来后，由于气候炎热，人们容易不思饮食，体重多少都会下降。“称人”就是在立夏日用秤给人们称体重，主要是孩子。然后，等夏天过去再称一次体重，和之前的体重做对比，以此分析孩子的健康情况。

课外活动

跟爸爸、妈妈翻翻你小时候的照片吧，找找看你小时候有没有经历过这些有趣的“成长礼”。

苏州革命博物馆关键词

★ 《光辉的历程——中国共产党在苏州》《阳澄烽火》

★ 一颗子弹、日本租界界碑

★ 叶天底、王芝九、张应春

★ 苏州烈士陵园、常熟沙家浜

第六单元

苏州革命博物馆

1 苏州革命博物馆

苏博士导读

苏博士，您今天准备带我们去参观哪个博物馆啊？

苏博士，老师让我们多了解有关苏州革命的知识，有没有这样的博物馆可以去参观学习呢？

有啊，今天我们就去苏州革命博物馆参观一下吧！

苏博士课堂

五卅运动的号角，北伐革命的风云，抗日救亡的烽火，人民解放的战旗，都曾在苏州激荡着铿锵有力的音符。在苏州这块热土上，

无数的先烈为了革命事业抛头颅、洒热血。为了时刻纪念与缅怀革命先烈，苏州革命博物馆于1993年正式建立。

苏州革命博物馆整体建筑具有鲜明的主题特色和浓厚的历史文化气息。馆内的基本陈列有两项。一项是《光辉的历程——中国共产党在苏州》，由“新民主主义革命时期”“社会主义革命和建设时期”“改革开放和社会主义现代化建设时期”三部分组成。通过737幅照片，476件实物及复制件，以及场景模型和幻影成像等多种展示形式，系统、真实、生动地反映了在中国共产党领导下的苏州人民在革命、建设和改革开放各个时期留下的奋斗足迹及取得的辉煌成果。另一项是大型多媒体半景画演示项目《阳澄烽火》，以抗战时期发生在阳澄湖畔的军民团结抗日故事为素材，采用声、光、电等多种手段与1000 平方米的巨型油画、500平方米的场景模型完美结合，产生特殊的艺术效果，给人以身临其境之感。

苏州革命博物馆既书写着往日的英勇辉煌，又记录着一路走来的艰辛悲壮。我们缅怀革命先烈，耳边似乎回响着那一场场激烈战斗的枪炮声，深深地感受到今日的幸福生活是老一辈革命先烈用鲜血换来的，我们更应珍惜眼前的生活，热爱和平。

拓展问答

苏博士，我刚看见博物馆内还珍藏着一颗子弹，这里面有什么故事吗？

文文，你看得很仔细啊！那是从刘飞将军身体里取出来的一颗子弹。关于这颗子弹，还有一段历史呢！1939年5月，新四军6团以“江南抗日义勇军”的名义“东进”，途中遭国民党“忠义救国军”的大举进攻。新四军为了顾全抗日大局，保存军事力量，于9月奉命“西撤”。撤退途中与“忠义救国军”在江阴顾山相遇，在一次双方抢占阵地的战斗中，当时身为政治部主任的刘飞同志带头冲锋，不幸左胸中弹（离心脏仅1厘米），身负重伤。刘飞同志后与三十多名伤病员一起留在阳澄湖养伤。由于当时医疗条件有限，这颗子弹头未能及时取出，一直留在刘飞同志体内长达45年之久，并跟随他经历了无数次战斗。

1984年刘飞同志去世后，这颗子弹头才被取出。

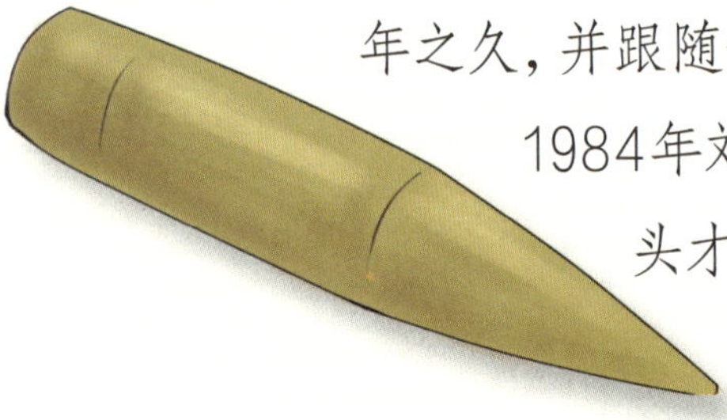

苏博士，给我们讲讲博物馆里面那块日本租界界碑的故事吧！

那块碑是在2003年开挖南园桥南堍时被发现的。界碑长170厘米，宽36厘米，厚13厘米，正反面都写有“日本租界”四个字，侧面分别写有“大清光绪二十三年四月上浣”和“苏州洋务局立”。这块界碑是近代中国遭受列强入侵、进入半殖民地半封建社会后的产物，也是近代苏州人民被压迫、被剥削的见证，它对后人有“勿忘国耻”的重要警示意义。

课外活动

和爸爸、妈妈去苏州革命博物馆看一看，了解苏州的革命史。

2 苏州革命大事记

苏博士导读

苏博士，我听老师说，在新民主主义革命时期，苏州的党组织力量较为薄弱。他们是如何在险恶的环境中，领导苏州人民进行长达25年的艰苦斗争的呢？

25年啊，那太厉害了！苏博士，快说给我们听听吧！

孩子们，近代苏州的历史就是一部革命先驱者为探索救国救民的真理而前仆后继的奋斗史！

苏博士课堂

自1921年中国共产党正式成立以后，苏州地区也于1925年成立了党组织，从而揭开了苏州革命史崭新的一页。

苏州紧邻中国共产党的诞生地——上海，得到了中共早期革命家的格外关注，他们和苏州追求进步的知识分子一起，积极传播以马克思主义为主要内容的新思想、新文化。

1925年5月，五卅运动爆发。在中共党员叶天底、潘志春和青年学生秦邦宪等人的组织领导下，由工人俱乐部、学联、教育会和商会

五卅路旧照

张一麐（lín）慰问抗日将士

等社会团体组成的苏州各界联合会正式成立，掀起了声援上海工人的反帝爱国斗争的高潮，苏州工人阶级成为这一运动的主力军。

1925年9月，根据苏州革命形势的需要和上级党组织的指示，苏州革命史上具有划时代意义的中共苏州独立支部在体育场路的乐益女中正式成立。支部成员有叶天底、侯绍裘、张闻天3人，叶天底为书记。此后，常熟、昆山等地的党组织也相继建立。苏州地区党组织的诞生，揭开了苏州人民革命斗争的新篇章，使苏州城乡的革命面貌焕然一新。

1927年6月，中共苏州独立支部改建为中共吴县县委（不久又改称为中共苏州县委），党员人数已发展壮大至一百多人。同年8月，中共中央召开八七会议，确定了土地革命和武装反抗国民党反动派的总方针。苏州党组织领导的工农群众运动迅猛发展，沉重打击了国民党的反动统治。

1931年，“九一八事变”后，在党的领导和影响下，苏州人民掀起了抗日救亡运动的热潮。

1937年7月，抗日战争全面爆发。苏州人民同仇敌忾，又一次掀起了抗日救亡和支援前线的高潮。

解放战争时期，苏州开展了以学生运动为先导、以“反饥饿、反内战、反迫害”为主要内容的反抗国民党反动统治的斗争，逐步形成了配合人民解放战争的第二条战线。特别是苏州学生参加的“反饥饿、反内战、反迫害”斗争，成为全国“五二〇”运动的重要组成部分，在苏州学生运动史上写下了光辉的一页。

1949年4月27日，苏州迎来解放，千年古城回到人民的怀抱。苏州终于迎来了一个崭新的历史阶段。

拓展问答

苏博士，能给我们介绍一下中共苏州独立支部旧址吗？

中共苏州独立支部旧址位于苏州体育场路4号，门口墙上嵌有一块纪念标志牌，上写：“中共苏州独立支部旧址，中共苏州独立支部于一九二五年九月在原乐益女子中学成立，成员有叶天底、侯绍裘、张闻天。特此勒石，以志纪念。中共苏州市委员会，一九八八年九月立。”中共苏州独立支部成立后，先后邀请恽代英、萧楚女、施存统等来苏做演讲，宣传革命形势，启迪群众觉悟，推动党团组织的发展。

苏博士，再给我们介绍一下叶天底吧！

好的。叶天底生于1898年，是浙江上虞人，中共苏州独立支部第一任书记。1920年春，叶天底参与了“浙江一师学潮”，随后愤而离校到上海。1923年加入中国共产党。1924年，叶天底应聘到苏州乐益女子中学任美术教员，后又兼教国文课，以教师身份为掩护，积极参加社会活动，宣传新文化思想。1925年，中共苏州独立支部成立，叶天底担任书记。1927年11月12日深夜，叶天底被国民党反动派逮捕，后被关押在浙江陆军监狱，于1928年2月8日在狱中英勇就义。

课外活动

了解了苏州革命大事记后，发挥你的巧思，制作一张图文并茂的大事记时间表或者时间图轴吧，相信你会对苏州革命历史有更深刻的记忆。

3 苏州革命人物

苏博士导读

苏博士，我参观完革命博物馆后，发现苏州不仅是一座历史悠久的文化古城，还是一方具有光荣革命斗争传统的热土。

是啊，革命先辈们用自己的鲜血谱写了一篇篇可歌可泣的英雄诗篇！

孩子们，今天我们就来说说这些革命人物。我们更要时刻牢记革命先辈为苏州人民的解放事业所做出的贡献啊！

苏博士课堂

人杰地灵的苏州，孕育了一批优秀的共产党人，我党早期革命活动家王芝九、张应春等就在苏州留下了革命足迹。今天，我们就来讲讲王芝九的事迹。

1926年8月，中共昆山独立支部在昆山县立中学成立。中共昆山独立支部的创建者和首任书记，就是苏州人王芝九。

1901年，王芝九出身于一个贫寒的市民家庭，父母曾在苏州观前街开设小店。后来，王芝九考入江苏省立第一师范学校。在校期间，王芝九积极参加学生运动。1925年，王芝九在时任乐益女中校务主任侯绍裘的介绍下加入了中国共产党。

1926年8月，王芝九受党组织的派遣，从上海到昆山建立地方党组织。他以昆山县立中学训育主任的职业为掩护，积极开展革命工作，在昆山县立中学组建了中共昆山独立支部。王芝九先后秘密发展了周巨中、冯山林等青年学生加入共青团，并与中共党员刘秉彝取得联系，共同在昆山进行革命活动。王芝九在学校里组织了时事学习小组和宣传队，积极宣传革命。同时，他还联系进步青年，每月在校外隐蔽的场所内集中活动一两次，交流思想，进一步提高大家的革命觉悟。

1926年12月，中共苏州独立支部书记汪伯乐因从事北伐的活动，被军阀逮捕，于12月16日在南京牺牲。王芝九听到此消息后十分悲愤，编写了《汪伯乐之死》，向学生宣讲烈士的革命业绩。不久，他因汪伯乐一案，被反动军阀通缉，于1927年1月初，离开昆山去了上海。

1927年，王芝九在商务印书馆任编辑，并继续从事革命活动。1928年10月，王芝九被国民党当局逮捕入狱，次年获释。1931年，他南下南洋任教两年。1933年回国后，在镇江、上海从事中小学教育事业。

中华人民共和国成立后，王芝九曾任苏州市立中学校长。1950年调至中央教育部初教司工作，11月参与筹建人民教育出版社，后长期任编审，负责编写、修改和审定中小学历史教科书和教师参考书。

拓展问答

苏博士，再给我们介绍下张应春吧。

张应春，1901年出生于吴江黎里镇葫芦兜村。1925年秋，加入了中国共产党。在柳亚子、侯绍裘的协助下，她在上海创办了《吴江妇女》，并任主编，积极推动妇女解放运动。“三一八”惨案后，张应春立即起草了《江苏省党部妇女部为反对段祺瑞惨杀北京市民宣言》，并参加了上海群众反对段祺瑞惨杀北京市民的游行，冒着生命危险在游行队伍中向群众演讲。1927年4月9日，蒋介石密令逮捕中共党员，全市陷入腥风血雨之中。10日深夜，省、市党部和市总工会等革命团体中的共产党员召开紧急会议，研究应变对策，被敌侦缉队获悉，张应春和侯绍裘等10余名共产党员不幸遭逮捕，被秘密杀害于雨花台。

1955年，中央人民政府追认张应春为烈士。为纪念这位革命女烈士，在张应春故居之东的北莲荡滩，由其生前好友柳亚子等人及家属为她营建了一座衣冠墓。1995年，张应春烈士墓被列为江苏省文物保护单位，之后又被确定为苏州市爱国主义教育基地、苏州市学校德育教育基地和苏州市国防教育基地。

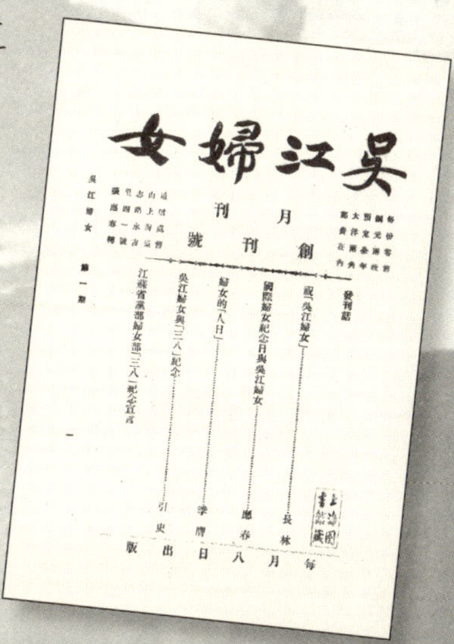

课外活动

在班级里举办一个以苏州革命人物为主题的故事会，比一比谁的故事讲得最生动。

4 血战洋沟溇

苏博士导读

苏博士，我听爸爸说，在抗日战争时期，新四军和阳澄湖、太湖地区的游击队同敌人展开了艰苦卓绝的斗争。

是啊，党的许多优秀儿女在这片土地上洒下了热血，至今这里仍流传着许多富有传奇色彩的故事呢！

苏博士，快说给我们听听吧！

苏博士课堂

1940年2月6日，日伪军想要到常熟东塘墅一带抢粮。与此同时，刚成立不久的“江南抗日义勇军”东路司令部（简称新“江抗”）得到消息后，在夏光、杨浩庐的率领下，在敌人必经的水路北桥设伏袭击，打得敌人仓皇逃窜。当晚，战士们乘小木船向着阳澄湖方向进发，目的地是湖荡密布、盛长芦苇、便于隐蔽的洋沟溇村。夜深人静时，小船悄悄到了洋沟溇村东的湖畔，指战员们轻装上岸后，夏光、杨浩庐立即侦察地形，安排村庄各个出口的岗哨，确定了瞭望哨。

次日上午10点，湖边的瞭望哨发现村东飘着晨雾的湖荡中，一条木船正静悄悄地朝着村子方向驶来，船上有两个身披蓑衣的渔民。哨兵以为只是一般的渔船，没有在意，却不知，木船上的两个渔民是日军伪装的，船舱里还潜伏着全副武装的敌人，他们带着轻机枪和掷弹筒。小木船一靠岸，日军就迅速跳

上岸来，一边开枪射击，一边抢占湖滩。这时，另外三艘事先隐蔽在芦苇荡里的日军汽艇，也朝着湖滩冲了过来。

原来，新“江抗”来到洋沟溇村的信息，被密探报告给了一湖之隔的昆山巴城日军，日军随即策划了这次偷袭行动。

正在商议军务的夏光、杨浩庐等，一听到枪声，立刻判断有敌人袭击，便下令由本地“民抗”部队组成的一连指战员，迂回穿插到敌人上岸的村东头，以机枪封锁小木桥，阻击敌人进村。这时，七八十个日伪军，在巴城日军中队长斋藤的指挥下，已经气势汹汹地抢占了有利地形，向新“江抗”一连指战员发起冲锋。

这边，新“江抗”特务连指战员利用高低错落的屋宇和弄堂小路等有利地形，采取步步为营和层层阻击的灵活战术，与敌人展开了背水逐屋的顽强战斗。战斗从一个村落打到另一个村落，前后辗转了十多个村。敌人的武器虽然精良，但其优势在湖河港汊地区无法发挥，只落得处处被动挨打的境地。

夜幕降临时，敌人着急了，枪声也时断时续。日军指挥官斋藤在指挥冲锋时，被我军击毙，敌人没了主心骨，军心大乱。他们害怕有埋伏，更担心一旦汽艇被打坏，就将陷入全军覆没的境地，所以，他们不敢恋战，仓促收兵，慌忙逃窜。

在这次战斗中，昆山巴城日军出动六十余人，伪军十余人。除斋藤被击毙外，还有十余个日军被击毙，二十余人被打伤，敌人伤亡过半。人民群众目睹了新“江抗”狠狠打击敌人的情景，纷纷奔走相告：“新四军又回来了！我们的救星又回来了！”这次战斗使得新“江抗”声威大振，有力扩大了新四军的影响。

拓展问答

苏博士，苏州是不是也有烈士陵园呀？

是的。苏州烈士陵园原名苏州横山烈士陵园，建于1956年4月。陵园坐东朝西，依山而建，分纪念瞻仰和烈士安息两个区。陵园的建筑形式具有苏州地方风格。

中轴线以上依次建有台阶、甬道、吊唁平台、纪念碑，均用金山花岗石构筑。园内苍松翠柏林立，四季花卉盛开，环境幽静整洁，是革命烈士安息的理想场所。

苏州常熟的沙家浜风景区也是著名的革命传统教育基地、爱国主义教育示范基地呢！

是的。抗战时期，沙家浜成为苏常太抗日游击根据地中心，新四军在此留下了战斗足迹。以沙家浜革命故事为原型创作的现代京剧《沙家浜》唱红了大江南北，深入人心，其中的军民鱼水情也让人深深感动。

课外活动

和爸爸、妈妈一起去常熟沙家浜走一走，参观沙家浜革命历史纪念馆，学习新四军的革命精神。

社会实践课　重温革命岁月
——红色传承之旅

苏博士去哪儿

国庆假期快到了，到苏州革命博物馆走一走，感受苏州波澜壮阔的革命奋斗历史，一定是最应景的过节方式之一。

苏州革命博物馆我们都去过了，还需要再去吗？

话可不能这么说，红色革命历史是我们任何时候都不能忘记的。而且，一踏入馆内，悠久而凝重的历史都会让我们肃然起敬。这种油然而生的爱国爱党情感是我们在其他地方都很难感受到的。

小美说得对。每次去苏州革命博物馆都好像上了一堂生动的爱国主义教育课。而且苏州革命博物馆除了基本陈列外，定期都会举办特色主题展览和未成年人教育活动。暑假我还参加了革命博物馆的“寻初心 筑梦想——红色少年行”活动呢！

苏州革命博物馆是综合性全面反映党的历史的爱国主义教育基地。经常性地重温革命历史，才能让这些蕴含着顽强拼搏、艰苦奋斗精神的红色史迹真正成为我们砥砺前行的动力源泉。让我们继续红色传承之旅吧！

微旅游路线推荐

红色传承之旅

苏州革命博物馆——苏州南社纪念馆

常熟沙家浜之旅

新四军六团团长叶飞上将照壁题词——阿庆嫂、郭建光、新四军战士群雕——沙家浜革命历史纪念馆——红石村江南船拳、江南婚俗展览——横泾老街民俗、根雕展览——春来茶馆京剧《沙家浜》情景再现——刁家大宅江南名菜“水八仙”展示——湿地科普公园

完成微记录

选择一种完成

1. 制作“革命文物说”PPT：

（1）拍摄馆藏革命文物的精彩照片或者短视频；

（2）将图片、文字和视频素材等制作成PPT；

（3）在班级里举办“革命文物说”主题演讲会，结合你制作的PPT，讲述革命文物背后的故事。

2. 绘制“苏州革命先烈连环画”：

（1）了解苏州的革命先烈，收集与他们相关的故事；

（2）选择一个让你印象最深刻的革命先烈，绘制连环画；

（3）与周围的同学交换欣赏“苏州革命先烈连环画”。

附录　苏州博物馆一览

姑苏区

苏州博物馆　东北街204号
苏州碑刻博物馆　人民路613号
苏州民俗博物馆　潘儒巷32号
中国苏绣艺术博物馆　景德路274号（王鏊祠堂内）
苏州丝绸博物馆　人民路2001号
苏州园林博物馆　东北街202号（拙政园南部）
苏州革命博物馆　三香路1216号
苏州中医药博物馆　景德路314号
苏州工艺美术博物馆　西北街88号
中国昆曲博物馆　中张家巷14号（近大儒巷）
中国苏州评弹博物馆　中张家巷3号
苏州警察博物馆（禁毒展览馆）　西善长巷3号
苏州砖雕博物馆　学士街天官坊肃封里2-1号
苏州城墙博物馆　干将东路相门城楼下
苏州生肖邮票博物馆　山塘街东杨安浜2号
苏州状元博物馆　平江街道钮家巷3号
苏式花窗博物馆　江乾路645号
苏州教育博物馆　醋库巷44号
苏扇博物馆　卫道观前16号
苏帮菜餐饮文化博物馆　带城桥路99号1号楼
苏州历史货币博物馆　斑竹巷7-1号
苏州古丰阁门窗家具民艺博物馆　校场桥路8号朴园
桃花坞木刻年画博物馆　校场桥路8号朴园
苏州美术馆　人民路2075号
苏州市名人馆　人民路2075号
苏州市档案馆新馆　北园路269号
苏州市方志馆　五卅路148号16号楼

苏州高新区（虎丘区）

苏州东吴博物馆　鸿禧路20号

相城区

苏州御窑金砖博物馆　阳澄湖西路95号
苏州巧生炉博物馆　万里路268号（元和文化创意产业园内）
相城区烈士纪念馆　元和镇寿元路1号
阳澄湖地区抗日斗争史史迹陈列馆　阳澄湖镇消泾村老街26号

苏州工业园区

中国基金博物馆　李公堤3期2号楼
苏州中学西马博物馆　港田路360号苏州中学园区校内
金鸡湖美术馆　观枫街1号
苏州工业园区志愿者协会展示馆　现代休闲广场F幢108

吴中区

西山地质博物馆　金庭镇堂里水月坞缥缈峰景区
江南茶文化博物馆　东山镇碧螺村西坞158号
陆巷社区博物馆　东山镇陆巷古村景区
核雕艺术馆　太湖国家旅游度假区孙武路舟山核雕村
苏州市非物质文化遗产馆　临湖路999号园博园内
角直澄湖水八仙科普展示馆　角直镇金澄湖路288号

吴江区

吴江博物馆　松陵镇笠泽路450号
江苏省农机具博物馆　震泽镇驳岸路（慈云禅寺对岸）
江悦古代木雕造像艺术博物馆　太湖新城镇菀坪迎丰街5号
苏州公民道德馆　鲈乡南路969号
苏州青少年科技馆　松陵镇体育路788号
先蚕祠（吴江丝绸陈列馆）　盛泽镇五龙路路口

昆山市

巴城老街博物馆群　巴城镇河南街1号
周庄博物馆　周庄风景区内后港街38号
中国古砖瓦博物馆　锦溪镇下塘街24号

张家港市

张家港博物馆　杨舍镇暨阳西路2号
长江文化博物馆　暨阳西路2号
沙洲县抗日民主政府纪念馆　一干河以东华山路西侧

太仓市

太仓博物馆　上海东路100号
顺宝斋钟表博物馆　洛阳东路88号
太仓科技馆　扬州路99号
太仓维新遗址陈列馆　双凤镇瓯江路8号

常熟市

常熟博物馆　北门大街1号
常熟碑刻博物馆　塔弄2号方塔园附近
梅李历史文化博物馆　梅李镇梅东路63号
常熟美术馆　西门大街117号
沙家浜革命历史纪念馆　沙家浜风景区内
江南农家民俗馆　支塘镇蒋巷村